Dale Carnegie · Mir

卡內基正念力

拯救上萬迷茫者的成功學，
一生必讀的世紀思考經典

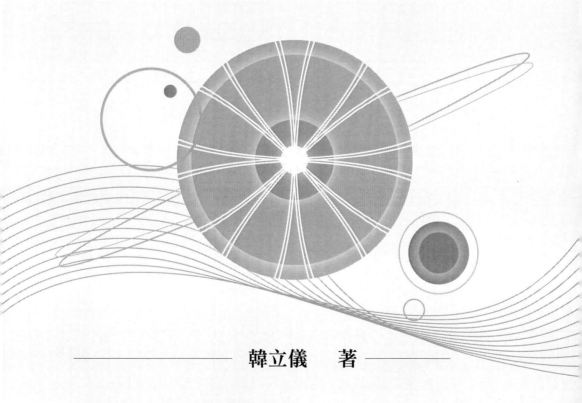

韓立儀　著

★二十世紀名人淚推的百年巨著
★跟隨卡內基體驗積極心態的魔法力量

「追求小目標，會使你只顧及眼前利益、鼠目寸光，到時候你依然一無所獲。」
「做沒把握的事，不意味著盲目做事，相反，這是我們審時度勢之後的理智選擇。」
「我還沒有碰過誰可以同時處理兩個以上的任務，並且仍然保持高效率。」

目錄

目錄

目錄

前言

　　戴爾‧卡內基（Dale Carnegie），二十世紀最偉大的成功學大師，「美國現代成人教育之父」。卡內基的一生是坎坷的，小時候卡內基住在鄉間，每天要幫助家裡擠牛奶、伐木、餵豬，直到晚上才能在煤油燈下刻苦學習。畢業後，卡內基曾經替一家公司兜售醃肉、肥皂和油，在印第安人村落之間來回奔波。他曾學習表演，可是卻無法在戲劇方面發展；他嘗試推銷卡車，卻因對機械不熟而以失敗告終，這些不同的工作經歷使他累積了豐富的生活經驗，塑造了他深刻的哲學思維。

　　卡內基一生致力於人性問題的研究，運用心理學和社會學知識，開創出一套獨特的集演講、推銷、為人處世、智慧開發於一體的成人教育方式。美國卡內基成人教育機構、國際卡內基成人教育機構和遍布世界各地的分支機構多達一千七百餘家。在其中接受教育的有名星鉅賈、各界領袖，也有軍政要人、內閣成員，甚至還有幾位總統，有無數人都從卡內基的教育中獲益匪淺。

　　卡內基在實踐基礎上所撰寫的著作，是二十世紀最暢銷的成功勵志經典。卡內基的主要著作有《人性的弱點》（How to Win Friends and Influence People）、《人性的優點》（How to Stop Worrying and Start Living）、《人性的光輝》（The Glory of Human Nature）等，世界各國幾乎都有譯本。

　　自從卡內基的著作問世以來，已經改變了千萬人的命運，發明大王愛迪生、物理天才愛因斯坦、印度聖雄甘地、建築業奇蹟的創造者里維父子、旅館業巨頭希爾頓、麥當勞的創始人克洛克等等，都深受卡內基思想

　的啟發。卡內基的思維具有極強的實用性和指導性，以及對社會各類人群和各個時代的適應性，隨著時間的流逝，卡內基的理論並沒有被時代所拋棄，相反，在今天這個競爭激烈的社會，他的思想和洞見變得更加深刻。

　　衷心希望本書能使讀者更深入了解卡內基成功學，從中找到了適合自己的做事方法，並總結出自己的人生經驗，找到自己的成功之路。

第 1 章　認清方向

我們不要看遠方模糊的事情，要著手身邊清晰的事物。

—— 成功學大師卡內基

成功從選定方向開始

> **成功金言**
>
> 人生宛若一艘輪船，如果在大海中失去了方向舵而在海上打轉，那麼它很快就會把燃料用完，仍然到達不了岸邊。事實上，它所用掉的燃料，足以使它來往於海岸及大海好幾次。

每個人都希望自己的人生有所作為，要想如願以償，首先確定方向。成功從選定方向開始，是方向指引我們踏出了一條通往成功的路。

諺語說：沒有方向的船，永遠沒有彼岸。人生重要的不是所站的位置，而是所朝的方向。方向比努力更重要，明確方向才能預約成功。

一九二六年，英國皇家學院院士肯萊文發現，一個大沙漠中有一個叫比塞爾的小村莊，它緊靠一片綠洲，從這裡走出沙漠只要三天時間，可是奇怪的是，這裡卻沒有一個人走出沙漠。

肯萊文問那裡的人，為什麼不出去？得到的回答是：走不出去。原來他們嘗試過多次，無論向哪個方向走，每次都是轉回到原地來。肯萊文當然不信，他雇了一個叫阿古特兒的當地人，讓他帶路，走了一天，果然又回到了原地。

他由此弄清了他們走不出去的原因：他們不認識北斗七星，在茫茫大漠裡沒辦法準確的判斷方向，所以他們走的路線實際上不是直線而是一條弧線。肯萊文告訴阿古特兒，你白天休息，晚上朝著那顆星的方向一直走，就能走出去了。後來，阿古特兒成了那裡第一個走出是沙漠的人。

在人生途中，也有這樣的「沙漠」，很多人走不出去，是因為沒有選定方向。人要改變命運，取得成功，除了需要一種勇於追求的頑強精神，

還應該選定人生的方向。有了方向，就有了出發時的熱情，就有了前進的動力，人生就有了意義；有了方向，就給了自己無窮的鬥志，成功離我們不會太遠。

人生如果不確定好理想的座標，就不會有明確的奮鬥方向。每個人都有自己的夢，生活就是追逐夢的過程。人要有自己的人生方向，從而沿著自己的目標前進。

居禮夫人從年輕時迷醉於青春愛情，到去巴黎追求學問，致力獻身科學；比爾‧蓋茲知道自己放棄大學的學業創建微軟是最佳選擇。他們的目標清晰堅定，人生的步子穩健有力，他們的人生是成功的，有意義的。

我們不要羨慕別人的成功，不是我們的命運沒有別人好，而是我們的人生目標是否明確和堅定。成功從選定目標開始，只要朝著一個方向努力，一切都會變得得心應手。

楊瀾大學畢業後，從電視節目主持人起步。她最初的目標是做一個一流的電視製作人，同時兼做一名優秀的主持人。在電視工作期間，她成為一名受人歡迎的主持人。

楊瀾一直在為自己的目標努力著。一九九四年，她急流勇退，離開電視到美國哥倫比亞大學國際及公共事務學院攻讀碩士，為自己充電。一九九八年，她加盟鳳凰衛視，開創名人訪談類節目《楊瀾工作室》，並擔任製片人和主持人。二〇〇〇年，她創辦以歷史文化為主題的衛星頻道。二〇〇四年，她創辦女性訪談節目，並擔任製片人和主持人。從主持人到製片人，楊瀾的選擇都是圍繞著自己的人生目標。她成功了，成為人們認可的優秀主持人和一流的電視製作人。

一個人在成功之前，最佳的準備就是必須有一個清晰的方向。今天，

在你生命的二十年，或者是三十年，四十年，五十年，你是否應該認真的深靜下來想：你為什麼活著？你的方向在哪裡？你的定位到底是什麼？這個問題確確實實在一直影響著我們前進。

　　方向決定結果，沒有方向就沒有成功。平凡如我輩，芸芸眾生，應該有一個人生方向。人生擁有了方向，我們會感到充實和富足，歲月更加溫馨，生活的畫卷絢麗繽紛，我們活出的便是清風朗月的美麗，我們的成長道路就會一片光明。

不想當將軍的士兵不是好士兵

> **成功金言**
>
> 有了目標，內心的力量才會找到歸宿。茫無目標的漂蕩終會迷路，這樣，你心中的一座無價的金礦，因無開採的動力，只能等同於平凡的塵土。

　　拿破崙說：「不想當將軍的士兵不是一個好士兵」。這句話告訴我們，人要有志向，志向決定著一個人努力和判斷的方向，志向的大小決定人生的高度。

　　戰國末年，李斯從一介布衣崛起為大秦決定性人物，助秦王間六國、削重臣、奪軍權、震宗室，何其輝煌。但改變了李斯一生，改變了歷史進程的，卻是一件偶然的小事，或者說應該是李斯不甘平庸的志向。

　　李斯青年時曾為郡中小吏，主管鄉文書事宜。常常在廁所中見到老鼠辛辛苦苦的覓食，但得到的仍是汙穢不堪的可憐的一點點食物，飢寒交

迫，且又常受人和狗的驚擾，惶惶不可終日。再看糧倉中的老鼠，吃的是人囤積的好糧穀，住的是「高樓大廈」，而且沒有人和狗的干擾，飽食終日，無憂無慮。於是李斯感歎說：「一個人有無出息就像這老鼠，在於能不能給自己找到一個優越的環境。」李斯由此覺悟，這對他的一生取向具有決定性的意義。

後來，他投到當時大儒家荀卿名下，學習帝王之術。學成之後，他看到楚王胸無大志，不足與為謀；又看到六國相繼日漸衰弱，無從建立號令天下之奇功。只有秦國，經歷了秦孝公以來的六世，特別是秦昭王以後，已經奠定了雄踞於七國之首、可對諸侯國頤指氣使、發號施令的政治、軍事、經濟基礎，可望代替已名存實亡的周室而一統天下。

於是李斯對荀卿說：「秦王想吞併諸侯，一統天下，成就帝王大業，這是智謀之士奔走效力、建功成名的大好時機。處於卑賤的地位而不思有所作為、改變這種境遇的人，與禽獸無異。人的恥辱莫大於卑賤，悲哀莫甚於窮困。我將西行入秦，去為秦王出謀劃策，建功立業。」

西元前二五〇年，秦孝文王去世，太子子楚繼位，就是秦莊襄王。呂不韋當上了丞相，被封為文信侯。秦王政繼位時年齡小，大權握在太后趙姬與丞相呂不韋手中。李斯投到呂不韋門下，一直勤勉謹慎，殫精竭慮，終於受到呂的青睞，被任為郎，從此參與政事。

後來，李斯有機會與秦王會面，得到秦王的支持。他軟硬兼施，遠交近攻，以武力為後盾，用金錢開路、執「連橫」計勸誘六國中止同別國的「合縱」。不消幾年，戰果累累，李斯也藉此被秦王稱為「客卿」，進到了秦國領導集團的核心。

一個人的志向決定了他個人的發展方向，他會沿著志向指定的方向做

出自己的努力。志向是成功的嚮導，是生命奇蹟的源泉，志向遠大的人更容易成功。

當年，秦始皇南巡，儀仗萬千威風凜凜。年輕的劉邦和項羽見到後，分別發出了「大丈夫生當如此」和「彼可取而代之」的感慨，劉項二人後來果然成就了楚漢霸業。

秦末，陳勝在田間歇息的時候悵然歎息「苟富貴，無相忘」。此話遭到了同伴的譏笑，陳勝卻說：「燕雀怎麼會懂得鴻雁的志向呢。」後來，陳勝成為抗擊秦二世暴政農民起義領袖。

年輕的諸葛亮躬耕於南陽時，曾自比於管仲、樂毅，後來出山輔助劉氏，最終實現了三分天下匡復漢室的理想。

時勢造英雄固然不假，但英雄年輕時肯定有超越常人的宏偉志向。偉大的目標造就偉大的人物，志向渺小的人註定會走平庸的人生之路。胸無大志，焉能鑄造輝煌的人生？

人要有志向，不能庸庸碌碌，渾渾噩噩，讓青春年華在瑣碎而繁忙的生活中漸漸逝去，讓意志在平淡無奇的日子裡悄悄消磨。我們要告別平庸，早一天就多一份人生的精彩，慢一天就多一天平庸的困擾。

一個好獵手的眼中只有獵物

成功金言

設定明確的目標，是成功的出發點。很多人之所以失敗，就是因為他們都沒有明確的目標，並且也從來沒有踏出他們的第一步。

　　荀子云：「鍥而捨之，朽木不折；鍥而不捨，金石可鏤。」一個鎖定目標、鍥而不捨的人，定會成功，不僅是形式上的成功，更是實質上的成功。

　　也許有人會說，為什麼同樣有目標的人，有的人成功了，有的人卻失敗了。那是因為在為一件事做準備時，不但要制定明確的目標，更重要的是要始終專注於這個目標，不能因為其他事情的出現而分散自己的注意力。如果你今天想成為一名行銷高手，明天想成為一名管理專家，後天又想當一名出色的設計師。最終的結果只能是得不償失，你的準備工作很可能前功盡棄。這樣，顯然無法把接下來本應該做得很好的工作完成得令人滿意。請相信這樣一句話：一個好獵手的眼中只有獵物。

　　在茫茫的大草原上，有一位獵人和三個兒子。這天老獵人要帶三個兒子去草原上獵野兔。一切準備得當，四個人來到草原上，這時老獵人向三個兒子提出一個問題：「你們看到了什麼？」

　　老大回答道：「我看到了我們手裡的獵槍，草原上奔跑的野兔，還有一望無垠的草原。」

　　父親搖搖頭說：「不對。」

　　老二的回答是：「我看到了爸爸、大哥、弟弟、獵槍、野兔，還有茫茫無垠的草原。」

　　父親又搖搖頭說：「不對。」

　　老三的回答只有一句話：「我只看到了野兔。」

　　這時父親才說：「你答對了。」

　　果然，這天老三打到的獵物最多。

　　目標要專一，不能游移不定。眼中只有獵物的老三能獵到最多獵物就

15

是最好的佐證。但事實證明，大多數人都有一個共同的悲哀：他們今天是這樣一個目標，明天就是那樣一個目標，後天又是一個目標，目標游移不定，最後一事無成。

目標游移不定，實際上是沒有目標。如果說他們有目標，那只能算為一種小打算。

有位年輕人，他每次下田用犁耕作時，由於沒有經驗，所以走得歪歪斜斜，他的父親告訴他：「你應該選定一個目標，然後朝著目標走，這樣就不會歪啦」。於是，他以遠處的另一頭牛作為目標，他想應該沒有問題了，但是耕出來的田仍然不直。這時他父親又說：「第一次是你缺乏目標，所以不直。第二次是錯在目標的移動，當然就會走歪，所以，你應該找一個固定的目標，並且要看準這個目標才行。」第三次，他選擇了遠方的一棵樹作為目標，果然犁出來的田直直的。

因此，如果目標游移不定，實際上就是三心二意，這不但會消耗精力，而且也浪費青春，最終是竹籃子打水一場空。一位女大學生訴說她的苦惱：第一次學測，她考上了私立大學，學校雖不錯，可對專業沒興趣，不到一年她退了學，她想重讀再考國立大學。第二次，她雖然考上了大學，可不是國立，而是一所普通大學，這次雖然專業不錯，可她又認為這個學校沒名氣，太差了，她又想退學再考，母親知道後堅決不同意她退學，為此，她感到苦惱。

這又說明了一點，你必須設定一個固定目標，這個目標必須是清晰而切實可行的，而不是虛無縹緲的。目標一旦確定，就要付諸行動，並執著的為之追求。

「周杰倫」這三個字在很多年輕人心目中已經成為了一種信仰，現在

的他，遊走在自己的音樂世界裡，盡情的揮灑著自己的音樂才華，他的「酷」和特立獨行已經成為了一種時尚的標誌。殊不知，在成功的背後，周杰倫也付出了沉重的代價。

在周杰倫的少年時代，他遭受了家庭的變故（父母離婚），給他的心靈留下了很深的創傷。媽媽獨立把他養大，還培養他學習鋼琴。中學畢業後，因為家境不佳不得不去當服務生，後來，因為參加電視台的一個選秀新人的節目，才被知名藝人吳宗憲發掘出去吳宗憲的唱片公司發展。一開始，周杰倫創作了很多歌曲。他一次次的面對著冰冷的牆壁發呆，想像著自己落魄的樣子。但是即使這樣，他回想著一路成長中的種種艱難，那些嘲笑和白眼，他才知道，那夢想是真的一直留存在他的心裡，他發誓，一定要堅持自己的音樂夢想，堅定的走下去。那夢想已然成為了他的一種信仰，不能終止的靈魂追求。終於，在背水一戰之後，周杰倫自己作詞作曲的第一張專輯《杰倫》一上市便被搶購一空，他成功了。

是的，我們在堅持夢想的道路上，或許都曾遭受過或者將會繼續遭受很多的白眼和嘲弄。我們會一遍遍的詢問自己：我真的可以嗎？這時候，要學習周杰倫的精神，繼續走下去。嘲弄我們的人最終看到的或許只能是我們那成功的瀟灑背影。

史鐵生是當代的著名作家，他在二十歲的花季年齡卻遭受了人生最沉痛的打擊 —— 雙腿萎縮，餘生要與輪椅為伴了。年輕氣盛的他，當時根本無法接受這一現實，他長時間的在地壇公園裡坐著輪椅發呆。他觀察著地壇裡萬物的生長，看到一隻螞蟻都在忙碌著自己的工作。而自己呢？從此以後只會是一個廢人了，一個百無一用的廢人。他連寫作的勇氣都沒有了。他絕望痛苦，感覺著周圍人那些冷冷的目光，想著關心著自己的母

親，覺得自己淒慘無比。然而，也是在與地壇的相處中，他發現了自然萬物的生長規律，想透了人生的生死命題。他明白了，上天就是要你來世上完成自己的人生使命的。

之後的史鐵生，重新勇敢的拿起了筆，書寫者自己的人生體驗，成為了現代的心靈醫師。讀他的作品，我們體會到的他精神世界的博大和人類思想的可貴，他是自己的心理治療者，也治癒很多的精神「殘疾者」。寫作，透過寫作來表達自己是史鐵生的夢想，也永遠是他的信仰。

著名導演李安在成名之前，大約從一九八三年起，經過了六年多的漫長而無望的等待，大多數時候都是幫劇組看器材、做點剪輯助理劇務之類的雜事。最痛苦的經歷是，曾經拿著一個劇本，兩個星期跑了三十多家公司，一次次面對別人的白眼和拒絕。那時候，李安已經將近三十歲了。古人說：三十而立。而他連自己的生活都還沒辦法自立，李安無數次的思慮：怎麼辦？繼續等待，還是就此放棄心中的電影夢？

那個時候，李安除了看電影、寫劇本外，還包攬了所有家務，負責買菜做飯帶孩子，將家裡收拾得乾乾淨淨。他常常在做好晚餐後，跟兒子兒子坐在門口，一邊講故事給兒子聽，一邊等待「英勇的獵人媽媽帶著獵物（生活費）回家。」然而，就是這麼無望的等待，都沒能阻止李安繼續自己的電影夢想。皇天不負苦心人，後來，李安的劇本得到基金會的贊助，開始自己拿起攝影機，再到後來，一些電影開始在國際上獲獎。現在的他，已然是國際大導演，憑藉《斷背山》拿到了奧斯卡小金人。正是在最黑暗時刻的堅守，永不放棄的電影夢想，支持出了一個優秀的導演。也讓我們明白了黑暗中，堅守夢想的可貴。

當夢想成為信仰，那些曾經的或者正在經受的遺憾、挫折、失敗都不

會令我們感到絕望，我們擁有過更多的只會是對未來更多的期許和更熱切的期盼。那矢志不移的夢想追求，怎麼會經受不住一時的失意呢？「許三多」王寶強現在已然成為了一位專業的演員，取得了自己事業上的成功。但是你知曉他是一位農村出身，只有中學學歷的背景嗎？在成名之前，王寶強的生命中只有一個信念和夢想——要演戲，做演員。為此，他糾纏不清，讓自己堅決的行走在跑龍套的隊伍中。終於，他有了「傻根」這個角色，後來就有了更多的角色，最後成功了。王寶強的夢想就是他的信仰，他堅定不移的行進，也用自己活生生的事例告訴我們，只要有夢想，沒有什麼不可以。

由此不難看出，人生只要有固定的目標，然後，堅持不懈，鍥而不捨，成功才會有希望。目標不能游移不定。每個人面對目標都不能二心二意，誰遊戲人生，人生就將會遊戲你，到時候只會落得個「老大徒傷悲」的結局。

鎖定目標就是你朝著你確定的目標前進。這個目標是比較固定的，不是三心二意的，而且還是一個較高層次的。但鎖定目標，並不是說你一生就只能有這個目標，如果你今後感覺這個目標不適合於你，或你有更高層次的目標，你可以更改。

因此，人生一件很重要的事就是，你要學會制定目標，如果實踐檢驗這個目標是對的，就要鎖定，並為之而全力以赴；如果你的目標是錯的，不符合時宜的，就是更改。只有這樣，你才會成為一個真正出色的人。

選錯了方向，就會與成功背道而馳

成功金言

成功的人生需要正確的規劃。事實上，你今天站在哪裡並不重要。
但是你下一步邁向哪裡卻很重要。

有人問著名物理學家楊振寧：「人生最重要的事情是什麼？」楊振寧回答：「方向正確。我很幸運，因為我的方向是正確的。」的確，人只有掌握正確的方向，才能創造成功的人生。

人生是一場競技，不僅要付出努力，更要方向正確。堅強和毅力固然可敬，但只有在正確的方向下才會發揮作用，選錯了人生方向，就會與成功背道而馳。

一九四〇年代，有一個年輕人，先後在慕尼黑和巴黎的美術學校學習畫畫。二戰結束後，他靠賣畫為生。一天，他的一幅未署名的畫被人誤認為是畢卡索的作品而出高價買走。這件事情給了他啟發，於是他開始全面的模仿畢卡索，出售假畫。

二十年後，他決定不再仿冒畢卡索，於是來到西班牙的一個小島定居。他拿起畫筆，畫了一些風景和肖像畫，每幅都署上了自己的真名。這些畫過於感傷，主題也不明確，根本得不到人們的認可。

不久，當局查出他就是那位躲在幕後的假畫製造者，考慮到他是一個流亡者，沒有將他驅逐出境，而是判了他兩個月的監禁。這個人就是埃爾米爾·霍里，世界上最著名的假畫製造者。

毋庸置疑，埃爾米爾有獨特的天賦和才華，但是由於沒有找對自己的

方向，終於陷入泥淖之中，不能自拔。雖然他也曾一時暴富，但他終日惶惶不安，並終究難逃敗露的結局。最為可惜的是，在長時間模仿他人的過程中，他漸漸迷失了自己，再也畫不出真正屬於自己的作品了。

可見，一個人如果走上了錯誤的路，等待他的將是失敗和痛苦。他在黯自神傷的時候，又是何等痛苦與悔恨，但是木已成舟，無法挽回。

人生除了積極的追求，勇於付出辛苦的汗水以外，還要注意拚搏的方向。方向找對了，成功是早晚的事；方向錯了，走的再快也是南轅北轍。當一個人把努力用在錯誤的方向上時，其失敗就已經命中註定。

《南轅北轍》的寓言故事告訴我們，做事要先看準方向，才能充分發揮自己的有利條件；方向錯了，有利條件只會達到相反的作用。現在我們已經知道地球是圓的，理論上講那個南轅北轍的人最後也能到達目的的，但是他所花費的時間、金錢是多少呢？做人做事也是一樣，方向弄錯了成功的機率就會很小，即使成功也會浪費很多的人力、物力、財力。

一粒種子的方向是衝出土壤尋找陽光；一條根的方向是伸向土層汲取更多的水分。人生同樣如此，正確的方向會引領我們踏入成功之門，錯誤的方向則讓我們誤入歧途，甚至遺恨終生。

對人生而言，努力很重要，但選擇好努力的方向更重要。很多人不能成功，原因在於方向的錯誤。許多人埋頭苦幹，卻不知所為何來，到頭來發現成功的階梯搭錯了方向，卻為時已晚。

有人把一隻蜜蜂和一隻蒼蠅同時放進一個瓶子裡。蜜蜂不停的咬，希望咬破這個瓶子飛出去。三天後，牠死在瓶子裡。蒼蠅在瓶子裡轉了幾圈後，發現四周都很堅固，就飛到瓶口處，意外的發現那裡有一個出口，就飛出去了。

第1章　認清方向

很多人終身勞碌，一無所獲，只因找錯了方向，把精力用錯了地方！生活之路彎路多，找對方向才是發揮自己勇敢精神的正確歸宿。所以，我們努力做事的時候，一定要弄清楚方向是否正確。

歷史上有不少人有過這樣美好的願望：製造一種不需要動力的機器，它可以源源不斷的對外界做功，這樣可以無中生有的創造出巨大的財富來。在科學歷史上從沒有過永動機成功過。能量守恆定律的發現使人們認識到：任何一部機器，只能使能量從一種形式轉化為另一種形式，而不能無中生有的製造能量。因此，根本不能製造永動機。那些追求永動機的人們，願望是好的，也不缺乏刻苦鑽研的精神，只是他們做事情違背客觀規律，所以失敗了。

所以，有的人失敗了，不是沒有能力，而是選擇錯了方向，定錯了目標。成功者的祕訣是：隨時檢查自己的選擇是否有偏差，合理的調整目標，輕鬆的走向成功。

牛頓早年就是永動機的追隨者，在進行了大量的實驗失敗之後，他很失望，但他很明智的退出了對永動機的研究，在力學研究中投入了更大的精力。最終，許多永動機的研究者默默而終，而牛頓卻因擺脫了無謂的研究，而在其他方面脫穎而出。

在人生的關鍵時刻，我們要審慎的運用智慧，做正確的判斷，選擇正確方向。每次正確無誤的抉擇將指引你走在通往成功的坦途上，你就能達到人生的預期目標，抵達人生的輝煌。

方向的選擇往往隨時間而改變，因為夢想和目標都需要時間慢慢培養。如果你能讓夢想自由發展，給它更多的空間和時間，讓它再你心中沉澱。這樣，你的選擇會更加正確。

分段實現大目標

成功金言

> 追求小目標會使你只顧及眼前利益，鼠目寸光，到時候，你依然一無所獲，無法成就出色的人生。

有一個看似很難回答的問題：「怎樣吃掉一隻大象？」而實現一個大目標就像吃掉一隻大象般有很大的難度。

這裡可以告訴你，吃掉一隻大象的方法就是「一口一口的去吃」。同樣，把一個大目標分解成一個個小目標，然後從第一個目標開始做！世界上沒有任何捷徑能夠一步登天，只有腳踏實地，才能走的穩，走的高。

也就是說，結合你的實際情況，確立自己的目標，在實現這一目標的過程中，可把這一目標分解成一個個小目標，實現一個小目標，會使你產生成就感和自信。在實現小目標的過程中，你應該制定一個詳細的時間表，嚴格按計畫執行。正如建造房子一樣，先由建築設計師繪出一幅藍圖，再由建築隊建造。在藍圖上，家中的各個擺設都要清楚的畫出，一切都要設計得井然有序。

一九八四年，在東京國際馬拉松邀請賽中，名不見經傳的日本選手山田本一出人意料的奪得了世界冠軍。當記者問他憑什麼取得如此驚人的成績時，他說了這麼一句話：憑智慧戰勝對手。

當時許多人都認為這個偶然跑到前面的矮個子選手是在故弄玄虛。馬拉松賽是體力和耐力的運動，只要體能好又有耐性就有望奪冠，爆發力和速度都還在其次，說用智慧取勝確實有點勉強。

　　兩年後，義大利國際馬拉松邀請賽在義大利北部都市米蘭舉行，山田本一代表日本參加比賽。這一次，他又獲得了世界冠軍。記者又請他談談經驗。

　　山田本一性情木訥，不善言談，回答的仍是上次那句話：用智慧戰勝對手。這回記者在報紙上沒再挖苦他，但對他所謂的智慧迷惑不解。

　　十年後，這個謎終於被解開了，他在他的自傳中是這麼說的：

　　「每次比賽之前，我都要搭車把比賽的線路仔細的看一遍，並把沿途比較醒目的標誌畫下來，比如第一個標誌是銀行；第二個標誌是一棵大樹；第三個標誌是一座紅房子……這樣一直畫到賽程的終點。比賽開始後，我就以百米的速度奮力的向第一個目標衝去，等到達第一個目標後，我又以同樣的速度向第二個目標衝去。四十多公里的賽程，就被我分解成這麼幾個小目標輕鬆的跑完了。起初，我並不懂這樣的道理，我把我的目標定在四十多公里外終點線上的那面旗幟上，結果我跑到十幾公里時就疲憊不堪了，我被前面那段遙遠的路程給嚇倒了。」

　　分段實現大目標，確實有發聾振聵的啟迪。受英國作家科貝特的影響，格拉頓渴望成為一名大作家，斷然辭掉報社的工作，專心從事創作。由於沒有薪資繳不起房租，他白天不敢露面，只好在大街上徘徊。至於何時能寫出自己的大部頭，他感到有些渺茫，不由得喪失了堅持到底的信心。

　　格拉頓當記者的時候，曾採訪過俄國著名歌星夏里賓。一天，兩個人在四十二號街不期而遇，格拉頓忍不住傾訴了自己的苦惱。夏里賓沒有對此發表意見，而是轉移話題說：「我住的旅館在一零三號街，我們一塊走過去，你看怎麼樣？」

格拉頓不勝驚訝的說：「一零三號街，我哪能一下子走這麼遠的路？」夏里賓隨聲附和說：「是呀，從這到一零三號街要過六十個街口，少說也要步行二小時。那就別去我住的旅館了。你看再往前走六條街，到射擊遊戲場玩玩怎麼樣？」

格拉頓接受了夏里賓的建議，兩人很快來到遊戲場，站在那早看了一會熱鬧，又接著往前走。到了長納奇大戲院，夏里賓熱情不減的說：「現在距離中央公園只有五條街了，我們到那去行看好玩的猩猩吧。」就這樣走走停停，一路上談笑風生，不知不覺的就到了一零三號街。

將近用了四個小時，兩個人走完六十個街口，居然一點都不覺得累。旅館附近有一家餐館，對飲時夏里賓借題發揮說：「今天走這麼一趟，你應該記在心上。一個人無論與目標的距離有多遠，也要學會輕鬆的走路。這樣行走的過程才不會沉悶，漫長的距離才不會讓人卻步。」

後來格拉頓成為美國著名的專欄作家，寫出大量膾炙人口的名篇佳作。有道是飯要一口一口的吃，田要一壟一壟地犁，仗也要積小勝為大勝的打。

聰明的人為了達成主目標，常會設定「次目標」，這樣會比較容易於完成主目標。許多人會因目標過於遠大，或理想太過崇高而易於放棄，這是很可惜的。若設定「次目標」便可較快獲得令人滿意的成績，能逐步完成「次目標」，心理上的壓力也會隨之減小，主目標總有一天也能完成。

雖然我們把大目標分解成一個個小目標，但最終還是為了實現大目標，因此，千萬不能滿足於小目標的實現之中，千萬不能只追求那些小目標。

報紙曾報導過三百條鯨魚死亡的消息。原來，這些鯨魚為追逐小利，

想吃掉沙丁魚，不知不覺被困在一個海灣而集體死亡。人有時也是如此，如果你只追求小目標，就會空耗自己的青春，而一無所獲。

沒有解決溫飽問題的人，一心想著解決溫飽問題，一旦溫飽問題解決，他就知足為樂，再不去奮鬥，最後，回過頭一看，後面的人卻跑到前面去了，而自己依然只是一個小人物，依然默默無聞，可有可無。

每個人來到世上，都希望有所作為並能造福於人類。我們不能知足於眼前的生活，如果我們追求的是大目標，就不會滿足於現實生活，就會奮鬥不息，追求不止。

專注於自己的夢想

成功金言

正如空氣對於生命一樣，發展目標對於我們也有絕對的必要。如果沒有空氣，沒有人能夠生存；如果沒有發展目標，沒有任何人能夠成功。

被譽為「浪漫騎士」的作家王小波曾在他的散文《工作與人生》中誠懇的對年輕人提過忠告：「年輕的時候，對一個人最重要的就是確定自己的一生要做什麼，這是最重要的。」王小波在二十多歲時就確定了自己的人生追求 —— 寫作。他踐行著自己的追求與夢想，他是「沉默的大多數」之一，但他是當代最「特立獨行」的人。他的文學作品閃耀著智慧的光芒，他明確自己的生命是為寫作而生的，為自己找到了人生的航向。

我們要進行抉擇，思考適合自己的人生航向在哪裡，明白什麼是適合

自己的。法國作家貝爾納曾參加過一次報紙的有獎競猜。報紙上的問題是這樣的：「如果一個畫廊失火了，你只有一個機會選擇一幅畫，你會選擇哪一幅？」報社收到的成千上萬的答案中，貝爾納的回答被認為是最佳答案，贏得了該題的獎金。他的回答是：「我選擇離出口最近的那幅畫。」是的，成功的目標不是最大、最遠的那個，而是最有可能成功的那個。人生的航向要駛向何方？我們能找到自己的最佳成功點嗎？

我們如果試圖找到自己的人生目標，就要先明白自己的專長。著名漫畫家朱德庸曾被老師喻為「一個四季豆」，永遠不會發芽」。這是因為，從上小學開始，朱德庸的語言學習就非常吃力，別的孩子花一小時就能學會的東西，他要花比別人多三四倍的時間才能學懂。為此，朱德庸的父母經常在學校裡挨訓，帶著朱德庸求校長老師，使他得以升入中學。然而，就是這個「四季豆」，卻被父母發現有繪畫的天賦，父母給他創造機會，讓他獨立創作。於是有了後來的《雙響炮》等優秀的漫畫作品。回憶過去，朱德庸不無感慨的說，如果當時拼命的去學習文學語言，那可能人們只能在貧民窟裡找到他。朱德庸是幸運的，因為他找到了自己的人生航向，於是勇敢啟航，直至走到了成功的彼岸。

年輕的你，了解自己嗎？興趣是最好的老師，現在的你如果對什麼事情感興趣，那就可能是你的專長，快發現自己的專長，然後「術業有專攻」吧。

如果確定了自己的人生目標，要做的就是專注。

二〇〇九年，電影《阿凡達》在中國引起了轟動，為影片中的女主角配音的女孩喬季霖也因此一炮而紅。喬季霖在中學的時候，就曾為眾多的廣告片配過音。之後，一個偶然的機會，她進入配音行業，成為一名專業

配音演員。剛開始做配音演員時，她覺得工作枯燥乏味，經常要了解演員角色的心理和嘴型，壓力非常大。一次，她向做京劇演員的父親抱怨配音工作的枯燥，父親當時什麼也沒有說。但不久後，喬季霖收到了父親寄來的一張碟片 —— 裡面都是京劇演員平時練習的場景，並且在碟片的背後寫著「專注了就好」。看到京劇演員們為一句台詞練習幾遍、幾十遍，喬季霖被深深感動了。從此，她努力做好自己的配音工作，最後獲得為《阿凡達》配音的機會。喬季霖說自己的成功祕訣就是 —— 專注了就好。專注的盯著前方的夢想，然後奮力前行，不左顧右盼，不隨意抱怨，那彼岸的花香會讓我們沉迷。

我們擁有的時間不是無限的，我們能做的事情也不是無限的，所以在不斷探索世界的過程中讓自己專注起來，一心一意讀幾本書，一心一意學一個專業，一心一意做一個事業，未嘗不是件幸福的事情。

曾有一個哲理故事。有一位年輕人問一位老者：「我怎樣才能成功的攀登到夢想的山巔？」老者微微一笑，從地上撿起了一張紙，疊成小船放在身邊的小河裡。小船不喧嘩，不急躁，借著水流，一聲不吭的駛向遠方。途中，蝴蝶、鮮花向它搔首弄姿，它不為所動，默默前行……

老者說：「人的一生，金錢、美色、地位、名譽等誘惑太多。選定了奮鬥目標，途中因思謀金錢而駐足，因貪戀美色而沉淪，因渴求名譽而浮躁，因攫取地位而難眠，故難以像小船一樣，不為誘惑所動，向著既定的目標默然前行。這就是有些人做事半途而廢，不能成功的原因。」青年人恍然大悟。

願意做故事中的那艘小船嗎？專注於自己的夢想，一意前行，那成功之帆已經向你展開。

明確的目標會給人帶來希望

成功金言

有明確目標的人生活更有熱情，行動起來更有力量，成功的希望也更大。鼠目寸光是不行的，不能看見樹葉就忽略了整片森林。

辛勤的工作和一顆善良的心，尚不足以使一個人獲得成功，因為，如果一個人並未在他心中確定他所希望的明確目標，那麼，他又怎能知道他已經獲得了成功呢？

在一個人選好工作上的一項明確目標之前，他會把他的精力和思想浪費在很多項目上，這不但使他無法獲得任何能力，反而會使他變得優柔寡斷。當他把所有能力組合起來，向著生命中一項明確目標前進時，那麼他就充分利用了合作或凝聚的方法，從而產生巨大的力量。

羅馬納·巴紐埃洛斯是一位年輕的墨西哥女孩，十六歲就結婚了。在兩年當中她生了兩個兒子，丈夫不久後離家出走，羅馬納只好獨自支撐家庭。但是，她決心謀求一種令她自己及兩個兒子感到體面和自豪的生活。

她帶著一塊普通披巾包起的全部財產，在德克薩斯州的埃爾帕索安頓下來，並在一家洗衣店工作，一天僅賺一美元。但她從沒忘記自己的夢想，即要在貧困的陰影中創建一種受人尊敬的生活。於是，口袋裡只有七美元的她，帶著兩個兒子搭公車來到洛杉磯尋求更好的發展。

她開始做洗碗的工作，後來找到什麼工作就做什麼。拼命存賺錢，和她的姨媽共同買下一家擁有一台烙餅機及一台烙小玉米餅機的店鋪。

她與姨媽共同製作的玉米餅非常成功，後來還開了幾家分店。直到最

後，姨媽感覺到工作太辛苦了，這位年輕婦女便買下了她的股份。

不久，她成為全國最大的墨西哥食品批發商，擁有員工三百多人。

她和兩個兒子經濟上有了保障之後，這位勇敢的年輕婦女便將精力轉移到提高她美籍墨西哥同胞的地位上。

「我們需要自己的銀行」，她想。後來她便和許多朋友在東洛杉磯創建了「泛美國民銀行」，這家銀行主要是為美籍墨西哥人所居住的社區服務。

她與夥伴們在一個小拖車裡創辦起他們的銀行。可是，到社區銷售股票時卻遇到另外一個麻煩，因為人們對他們毫無信心，於是她向人們兜售股票時遭到拒絕。

他們問道：「你怎麼可能辦得起銀行呢？」「我們已經努力了十多年，總是失敗，你知道嗎？墨西哥人不是銀行家呀！」

但是，她始終不放棄自己的夢想，努力不懈，如今，銀行資產已成長到兩千二百多萬美元，她取得偉大成功的故事在東洛杉磯已經傳為佳話。後來她的簽名出現在無數的美國貨幣上，她由此成為美國第三十四任財政部長。

這位年輕婦女的成功確實得之不易。你能想像到這一切嗎？一名默默無聞的墨西哥移民，卻胸懷大志，後來竟成為世界上最大經濟實體的財政部長。

所以，人要想發展自己，取得成功，就要有自己的目標，目標是前進的動力，愛迪生曾說過：「一心向著自己目標前進的人，整個世界都給他讓路。」古今中外，無一例外，那些名留青史、成就大業的人都是有目標的人，目標會給人帶來希望，帶來成功。

榜樣的力量是無窮的

成功金言

這是一個榜樣輩出的時代。各種各樣的榜樣，在不知不覺中成為我們心目中的座標。

有時候，年輕的我們還有些迷茫，即使擁有了夢想，也不知道應該如何實現。這時候，如果你能找到一位榜樣，透過榜樣的成功軌跡，或許我們就能發現夢想如何實現的方法。人的一生不可能沒有榜樣，有了榜樣我們才有學習的目標、努力的標竿、前行的方向。榜樣可以是師長、家人、親友，也可以是名人、鄰居。只要他們有專長、有創意、有素養、有追求，都可以成為我們的榜樣。學習榜樣不是要學習他們如何賺錢，而是要學習他們如何做人處世、如何為人、如何成就事業。有了榜樣，就能努力做到最好。

一九四一年，有位小男孩兒出生於日本大阪一個貧寒家庭。小時候，他與木匠大叔合作，在自家的房子上加蓋了一間閣樓。看著自己這件「作品」，他非常驕傲，並由此確立了自己的理想 —— 長大以後，當一名出色的建築師。

高中畢業時，他想報考大學建築系，但由於家庭貧困，不得不放棄了大學夢。走向社會後，他仍無法擺脫做一名建築師的夢想，於是，便做上了家具製作和室內裝潢的工作，這些工作不僅與一名建築師的夢想遙不可及，而且收入極低，甚至無法維持生存。那段時間，他非常苦惱，不知道自己的出路在哪裡。

　　一天，他偶然在一家舊書攤上發現了瑞士建築大師勒‧柯布西耶的建築作品集，立刻被這位現代建築運動代表人物那風格獨特的設計所吸引。讀了柯布西耶這本書，不僅讓他知道了什麼是建築，而且還讓他找到了自己的人生出路：柯布西耶沒有受過高等教育，是透過自學成為建築大師的，而他自學的方式除了讀書，便是遊歷四方，只要有機會，他就到世界各地參觀建築傑作，對他來說，這是另一種方式的閱讀⋯⋯他立即決定，把柯布西耶作為自己的偶像進行複製。

　　複製的第一步當然是自學。為此，他開始一邊工作一邊自學，用整整一年，將大學建築系的教科書研讀完畢。接下來，他就要像柯布西耶那樣去世界各地「遊歷」了，此後，又經過長達二十多年的奮鬥，他終於成長為一位像柯布西耶那樣的大師級人物：從一九八七年開始，只有高中學歷的他先後被耶魯大學、哥倫比亞大學、哈佛大學等世界知名學府聘為客座教授；一九九五年，在他五十四歲時，獲得了有「建築界諾貝爾獎」之稱的「普立茲克獎」，成為有史以來獲此殊榮的第三位日本建築師⋯⋯他就是被譽為「清水混凝土詩人」、與設計者赫爾佐格、設計者庫哈斯並稱為世界三大建築師的安藤忠雄。

　　安藤忠雄所謂的「偶像複製」，其實就是學習榜樣，對照自身，積極作為。人們常說榜樣的力量的無窮的，樹立榜樣，其實是讓自己的心中有一個對照表，能對自己有更好的追求，支持自己為夢想行動。朝著榜樣的目標進發，我們可能會取得成功。

　　榜樣的力量是無限的，劉翔很早就知道阿蘭‧強森的名字了。在一百一十米欄二十個快於秒的成績中，有九個是他創造的。他是當之無愧的「跨欄王」！他是劉翔的一個偶像，是劉翔的榜樣。在一篇文章中，劉

翔這樣寫道：

二〇〇一年在埃德蒙頓舉行的國際田徑錦標賽，我清楚的記得，那是我和強森的第一次碰面。比賽一結束，我就找到了強森，讓他給我簽名，然後，我又和他照了一張相。強森對我很客氣，也很友好。我知道，找他簽名和要求合影，其實是他的 FANS 才會做的舉動，而我是他的對手，這樣做並不是很有「面子」。但我欣賞強者，強森就是我所在的跨欄世界裡的強者。

二〇〇四年五月八日，日本，大阪，國際田聯大獎賽。我跑了十三秒零六，而強森的成績是十三秒十三。我第一次面對面的戰勝了強森。但在數萬觀眾的吶喊聲中，我還是有點迷糊：我打敗了強森？是真的嗎？是強森讓我認識到，這是真的。比賽完，他第一個走向我，同樣是那個友好的微笑，他拍拍我的肩膀，說了一句：「做得漂亮，祝賀你！」那一刹那，我才回過神來，這一切都是真的，我擊敗了世界「跨欄王」！

強森是劉翔的榜樣，劉翔能取得戰績既是劉翔自己努力的結果，也同時告訴我們，確定一個榜樣朝著榜樣的目標進發，並最終爭取成功是完全有可能實現的。透過樹立榜樣爭取成功，其實和其他成功之路一樣，同樣需要長期不懈的堅持與努力。不同之處或許僅僅在於，人們可以借此迅速的找到一條適合自己的路，並沿著這條已被前人證明可行的道路更加堅定的走下去。二十歲的我們還等什麼嗎？應該趕快定下自己的榜樣，向榜樣學習，我們也許像劉翔一樣超過榜樣，創作自己的輝煌。

為了理想做一些沒把握的事

佛經裡有這樣一個故事：

有兩個和尚，一窮一富，都想去南海朝聖。富和尚很早就開始存錢，窮和尚卻僅帶著一個缽盂就上路了。一年以後，窮和尚從南海超生回來，富和尚的準備工作還沒完成。富和尚問他為什麼能去南海，窮和尚回答：「我不去南海，就心裡難受。我每走一步，就覺得距離南海近一點，心裡就生一份安寧。你這個人個性穩重，不做沒把握的事情，所以我回來了，你還沒有出發。」

這個故事告訴我們，十拿九穩的事情，往往是回報最少的事情。要做，就去做那些沒把握的事情 —— 你覺得沒把握，別人一樣覺得沒把握。然而，你做了，就有成功的可能；不做，就永遠只能看著別人成功。對待夢想，我們也可以這樣，夢想一些不可能的事情，成功的可能性或許會更大一些。

在美國的老一代企業家中，安德魯·梅隆是一個「熱衷於機會」的人，他只做沒把握的事。梅隆的一生曾經營過銀行、石油、鋼鐵等不同的行業，其中有兩件事，人們記憶深刻。

西元一八八九年的一天，三位不知姓名的青年人站在梅隆的面前，問是否願意替他們償還銀行的一筆欠款，他們手裡拿著一塊銀蠟色的金屬，告訴梅隆這是鋁，並且聲稱他們找到了一種可行的電解生產法，只是沒有

資本，以至他們在到處尋找資助人。梅隆憑藉自己敏銳的眼光，認為這項事業非常有發展的潛能。於是他立即答應幫助他們還清債務，並資助他們成立了匹茲堡電解鋁公司。果然，僅僅過了不到三年時間，這家公司就控制了北美洲的鋁生產業務。

另外一件事情發生在西元一八九五年，一位曾與愛迪生共事多年的發明家愛德華・艾奇遜找到了梅隆，手裡拿著一塊閃光的「金剛砂」，但是由於資金不足，請求資助，梅隆也憑藉直覺預感到這一發明的商業前景，就答應了艾奇遜的請求，後來這項生產得到了迅速發展。

梅隆屢次成功的祕訣就是做沒把握的事。適度的做沒把握的事，才有可能實現自己的夢想。

我們每個人來到世上，無不期盼生命燦爛如星河，光芒熠熠照亮整個夜空。那我們就要反思走過的人生之路，規劃未來的人生之路。說到底，做他人沒把握的事，意味著一種冒險。冒險就是拒絕中庸，拒絕穩定。勇於冒險能開創出一片新的天地，沒有冒險，何來生命中的大喜悅、大收穫？做沒把握的事，不意味著盲目做事，相反，這是我們審時度勢之後的理智選擇，是對自己和所做事情的負責態度。

我們應當謹記，一切都準備妥當的時候，機會可能已經遺失了。在沒把握的時候率先出手，實現夢想的機率要大很多。同時，要有「只問耕耘，不問收穫」的精神。既然我們已經上路了，那就沒有後路可退。你經過了春天的播種，夏天的耕耘，難道會害怕沒有秋天的收穫嗎？

做沒把握的事，就是抓住了萬分之一的機會去爭取實現夢想，獲得成功。

美國但維爾的百貨業鉅子約翰・甘布斯曾談到他的經歷。有一次，但

維爾經濟蕭條，不少工廠和商店倒閉，被迫廉價拋售堆積如山的百貨，價格低到一美元可以買一百雙襪子。

那時，約翰只是一家織造廠的小技師。他馬上把自己積蓄的錢用於收購低價貨物。人們看到他那麼傻，都嘲笑他。然而約翰不為所動，依然收購被拋售的貨物，並租了一個很大的貨倉來存貨。他妻子勸說不要這麼做，多年的積蓄有可能毀於一旦。約翰笑笑說：「三個月後我們就可以依靠這些廉價貨物發大財。」十多天過去了，那些工廠廉價拋售的貨物因找不到買主，最後只能燒掉，以穩定市場物價。終於，美國政府採取了緊急行動，穩定了但維爾的物價，並且大力支持那裡的廠商復興。這時，但維爾由於市場缺貨，物價一天天上漲。約翰馬上把積存的貨物拋售出去，從而大賺了一筆。後來約翰成了全美的商業鉅子。

正是因為抓住了萬分之一的機會，約翰‧甘布斯才得以成功。那些沒有把握的事情，對於我們更應該具有非凡的吸引力。試想這個世界如果千篇一律，沒有推陳出新，永遠按部就班，穩重拘謹，那怎麼可能成功呢？

我們要努力在實現夢想的時候，勇敢做些沒把握的事，不管能否成功，努力嘗試的經歷都會成為人生的一筆財富。當然，做沒把握的事要注意兩點：一，目光要放在長遠，鼠目寸光，忽略整片森林是行不通的；二，要鍥而不捨，擁有百折不撓的毅力和持之以恆的信心，才會事半功倍。

適合自己的目標更容易實現

成功金言

一個目標是否正確，是否恰當，往往需要在實踐中不斷完善。對能把握的東西，進行仔細的分析；對還不能把握的東西，就必須先嘗試實踐，再不斷完善。

對於真正能夠衝破人生難關的人而言，他所依靠的目標不是別人的，而是自己的。認識到這一點很重要。人生是個不斷探索的過程，失敗有時並不是由於你的能力、學識的不足，而是由於你錯誤的選擇了目標，而失敗正給予了你一個重新思考並從錯誤中解脫的良機，從錯誤中得到衝破人生難關的條件。

有位叫安小魯的年輕人，他的第一份工作是葡萄酒推銷員，因為他不知道自己還能做什麼，於是他認為自己的目標就是「賣葡萄酒」。起初他是為一個賣葡萄酒的朋友工作，接著為一名葡萄酒進口商工作，最後同另外兩個人合作辦起了自己的進口業務。生意越來越糟，可安小魯還是拼命抓住最後一根稻草，直到公司倒閉。他仍不改行，因為他不知道自己還能做什麼。

事業的失敗迫使他去參加了社會上所謂的「創業」培訓。他的同學有網路專家、藝術家、汽車修理工等，他逐漸認識到這些人並不認為他是個「賣葡萄酒的」，反而認為他是個有才能的人，甚至叫他「多項技能」，他們對他的看法使他拋棄了原來的目標。

他開始猛醒，仔細分析、探索其他行業，思索自己到底能做什麼。最後，他選擇了和愛人一起開展房地產業務，這使他取得了「推銷葡萄酒」

永遠不能為他帶來的成功。

許多職業專家認為，一個人一生中至少要經過兩三次轉變，才能最終找到適合自己特長的事業，而確定自己合理的目標，則需要同樣長的一段時間。

無法付諸實現的事物，是不值得我們去追求的。在這個世界上，若是經過了解以及正確的追求而仍然無法得到的東西，那麼這種東西對我們毫無益處可言。

日復一日，年復一年，永遠要有目標 —— 屬於我們自己的目標，而不是別人強加在自己身上的目標。否則，我們的努力便對自己沒有好處了。我們必須澄清思想，除去不相干的事件，並深入內心，看清自己要達到的目標是什麼。

社會工作千百萬種，人的素養與才能千差萬別，任何人都不能成為什麼都行、包打天下的英雄。每個人都必須能確立自己的優勢目標。在我們確定自己的優勢目標時，可參考以下幾點經驗：

(1) 要全面衡量。

設立目標，是走向成功的重大起步，必須配合行動計畫作充分的思考，捨得花時間，目標是你行動的指南。否則，你就會走錯路，做無用功，浪費你的寶貴時間和生命。因此，無論如何，你不能在設立目標時草率行事。

沒定目標，要在自己的閱歷、氣質與社會環境條件等方面反覆研究，論證比較，仔細推敲，一定要把它作為人生最重要的事情來做，切勿草率，否則會貽害自己。

(2) 中短期目標要有挑戰性、可行性。

心理學實驗證明，太難或是太容易的事，都不容易激起人的興趣和熱情，只有具備一定的挑戰性，才會使人有衝動的熱情。

中短期的目標是現實行動的指南，如果大大的低於自己的實際水準，根本不能發揮自己的能力，那麼，是沒有人願意去做的，即使勉強的做，也不會有很好的成績，說不定還不如普通的人做得好。

但是反過來，如果要做的事要求太高，遠遠超過了自己的能力，望塵莫及，不能在一段時間內顯出成效，也會大大挫傷積極性。

那麼適度掌握便是一個關鍵，情況因人而異，個人經驗、素養水準和現實環境的許可是決定你中短期目標的依據。

瑪麗女士曾用一個譬喻來說明這個問題：就好像修建房屋，經驗不足時，就先建簡單的平房，有了經驗的累積後，便可以建摩天大樓了。如果連平房也建不好，就更不要說摩天大樓了。當然，如果有了建大樓的能力，卻還是去建平房，這項工作便變得乏味，缺乏挑戰性。

(3) 中短期目標要有明確性，限時性。

中短期目標，或者三五年，或者一二年，有的甚至可以短至幾個月。這種短期目標，如果還不明確、具體的話，那就等於是沒有任何目標。

只有具體、明確而有時限的目標才具有行動指導的激勵的價值。你強迫自己在一定的時限內完成一定的任務，就會集中精力，開掘潛能，調動自己和他人的積極性，為實現目標而奮鬥。

否則的話，整日只是懶懶散散的去做一些工作，將一個月完成的事拖到兩個月後完成，或者想的只是完成就行，時間無所謂，那麼永遠談不上成功。

（4）目標需要作必要的調整。

不管是遠大目標，還是中短期目標，你把它們設立起來，是為了指導規劃自己走向成功。所以，如果你設立的目標已經不太符合實際情況，就必須迅速做出調整和修改，千萬不能將自己定出的目標作為一成不變的教條，以僵化保守的心態來對待。

因此，每年至少要作一次檢查校正，對你制定的各種目標做出一些必要的調整修改。

情況總是在不斷的變化，當時制定的目標是在當時的環境條件下形成的，如果環境情況變了，難道你還能死板的固守在同一個目標上嗎？如果你始終僵化保守，你就很難發揮潛能，很難利用環境走向成功。

（5）在實踐中完善目標。

訂目標是對未來的設計，一定有許多難以把握的因素，如果你不勇敢的進行試驗、實踐，就很難知道目標是否正確。

你要學會如何設定你的目標、你的美夢和你的願望，學會如何能夠保持志向和促其實現。就好像玩拼圖遊戲，若你在人生中沒有清楚的目標，就好像不知整體的全貌，胡亂的拼湊生命。當你知道了自己的目標，便能在腦海裡描繪出一幅圖畫，讓神經系統得以按圖索驥，找到最需要的資料。

你得先建立個美夢，尤其是得全心全意的去做。如果你只是隨手翻翻，不會對你有什麼幫助。希望你能夠坐下來，手裡拿枝筆和一張紙，寫下自己未來的目標和計畫。

找一個讓你覺得最舒服的地方，不管是你喜愛的書桌，或是角落裡照得到陽光的椅子，只要能讓你心靜的地方，花一個多鐘頭好好計畫一下你

未來的希望。做些什麼？看些什麼？說些什麼？成為什麼？相信這會是你一生中最寶貴的時光。你要去學習如何設定目標和預測結果，你要畫出一張人生旅程的地圖，你要勾勒出自己的方向和前進的路徑。

把目光盯在遠處

> **成功金言**
>
> 要想成功，不能沒有遠見，要把目光盯在遠處，用遠大之志激發自己，並咬緊牙關、握緊拳頭，頑強的朝著自己的人生方向走下去。沒有這種品性的人，是絕對不可能成大事的，甚至連小事都做不成。

小時候愛聽爺爺講故事，有一個故事至今仍記憶猶新。

有一個叫向波的年輕人，在離警局不到一百米的地方，被兩個歹徒截住。歹徒讓向波交出身上所有值錢的東西，向波什麼都沒有說，默默的把一條金項鍊交給了歹徒。

歹徒仍不甘心，把向波的渾身上下搜了兩遍，沒有更多的收穫，便惱羞成怒，將向波打昏在地。路過此地的一名員警救起了向波，問道：「你被搶的地方，離警局那麼近，你當時為什麼不大聲喊救命呢？」

向波答道：「因為我怕一張開嘴巴，連我嘴裡的五顆金牙，也會一起被歹徒搶走！」

爺爺最後說：「真正的盲人，並非雙目失明的人，而是那些對問題短視、缺乏遠慮的人。」

成大事者是具有遠見的人，因為只有把目光盯在遠處，才能有大志

向、大決心和大行動。那麼，遠見是一種什麼東西呢？

作家喬治‧巴納說：「遠見是在心中浮現的，將來的事物可能或者應該是什麼樣子的圖畫。」

沃爾特‧迪士尼是一個有遠見的人。他想像出一個這樣的地方：那裡想像力比一切都重要，孩子們歡天喜地，全家人可以一起在新世界探險，小說中的人和故事在生活中出現，觸摸得到。

這個遠見後來成為事實，首先是在美國加州迪士尼樂園，後來又擴展到美國的另一個迪士尼公園，還有一個在日本、一個在法國……

沒有遠見的人只看到眼前的、摸得著的、手邊的東西。而有遠見的人心中裝著整個世界。「遠見」跟一個人的職業無關，他可以是個貨車司機、銀行家、大學校長、職員、農民……世界上最窮的人並非身無分文者，而是沒有遠見的人。

「遠見」不是天生的，它是一種可以培養出來的本領。這種本領也可能被壓抑，它受到「過去的經歷」、「當前的壓力」、「種種問題」、「缺乏洞察力」、「當前的地位」五種情況的限制。

那麼，我們如何使自己的遠見變為現實呢？下面的指導原則對你或許會有幫助。

第一，做大事之前要分析你的實際情況從而成就自己

將遠見變成現實不是一蹴而就的事，這是一個過程，跟一次旅行十分相似。你決定去旅行之後，首先要做的事情之一，就是決定出發點。沒有這個出發點，你就不可能規劃旅行路線和目的。

考察當前生活的另一個目的是規劃行程並估算此行的費用。一般來說，你離自己的遠見越遠，所花的時間就越多，代價就越大。

第二，做大事之前要能確定你的努力方向

這個觀點簡單到讓人幾乎不好意思提出來，但實現遠見總得由確定這個遠見開始。對有些人來說這實在是太容易了。因為他們似乎生來就有一種遠見卓識。而另一些人則需要經過長時間的沉思、考慮才能獲得這種本領。

如果你想成大事，就必須確定你人生的遠見。你的遠見不能由別人給你。如果那樣就不是你自己的遠見，你就不會有實現它的決心與衝動。遠見必須以你的才能、夢想、希望與熱情為基礎，遠見是了不起的東西，它還會對別人產生積極的影響 —— 特別是當一個人的遠見與他的命運不謀而合時。

第三，不管發生什麼，做大事的長遠規劃都不能改變

實現自己的遠見包含著必須選定一條個人發展的道路，並在這條路上走下去，以為自己可以從生活的一個階段向另一個階段進步而無須改變自己，是在自我欺騙。人生的任何積極轉變必定需要個人成長。

因為個人成長是實現自己遠見的必經之路，所以你能定出的最具策略性的計畫就是按你的遠見來規劃你的成長道路。想一想要實現理想你必須做些什麼，然後確定你需要學習些什麼，或參考一下別人的成長過程。

第四，做大事時要能捨小利益取大目標

所有夢想都是有代價的。為了實現你的遠見，就要做出犧牲，其中必然涉及你其他的選擇。你不可能一面追求你的夢想，一面保留著你其他的種種選擇。

多種選擇是好事，可以提供機會，但對於想成功的人而言，有時必須放棄種種小選擇來交換那個唯一的夢想。

　　這情形有點像一個人來到岔路口，面臨幾種前進的選擇。他可以選擇一條能通往目的的的路，他也可以哪一條都不走，可是這樣就永遠達不到目的的。

　　第五，頂住各種壓力，堅持自己做大事的積極態度

　　必須保持積極態度的另一個原因，是你肯定會碰到反對的意見。那些沒有夢想的人是不會理解你的夢想的，他們覺得你的夢想不可能實現。他們會對你說，你的夢想一文不值。或者即使他們明白到它的價值，他們也會說，這是可以實現的，但不會由你實現。碰到別人反對時，你不必驚慌，而應有心理準備，抱著永不消沉的積極態度。

　　做大事不是一件輕鬆的事，而是一件非常有挑戰性的抉擇。在你為自己的人生目標而努力的時候，你成大事的可能性就越來越大。現在只需要你放棄一些蠅頭小利，把目光盯在遠方，邁動你的雙腳。如果都準備好了，你就可以朝著自己的遠見行進了。

　　若想出人頭地，就要放棄短視，把目光盯在遠方。

第 2 章 擺正心態

如果在你一心嚮往的事上，尚未能成功，千萬不要放棄。成功者多半都有這個信念，要知道，挫折是難免的，重要的是怎麼樣去克服它。堅持並戰勝挫折，世界就在你的腳下了。

—— 成功學大師卡內基

樂觀是我們心中的太陽

成功金言

樂觀可以使人充分享受每一分鐘快樂、擁有開闊的視野、清醒的知道自己應該做什麼，可以使人在遇到困難、面對逆境時，保持清醒的頭腦，客觀的認識自己，迅速找到正確的出路。

一個人無法透過自身的努力去改變生存狀態，但可以透過精神的力量去調整心理感受，盡量盡量的將其調適到最佳的狀態。這就是樂觀的心態。

傑里是個飯店經理，他的心情總是很好。當有人問他近況如何時，他問答：「我快樂無比。」

如果哪位同事心情不好，他就會告訴對方怎樣看事物的正面。他說：「每天早上，我一醒來就對自己說，傑里，你今天有兩種選擇，你可以選擇心情愉快，也可以選擇心情不好。我選擇心情愉快。每次有壞事情發生，我可以選擇成為一個受害者，也可以選擇從中學些東西。我選擇後者。人生就是選擇，你選擇如何去面對各種環境。歸根結柢，你得自己選擇如何面對人生。」

有一天，他忘記了關後門，被三個持槍的歹徒攔住了，歹徒朝他開了槍。

幸運的是，事情發現得較早，傑里被送進了急診室。經過十八個小時的搶救和幾個星期的精心治療，傑里出院了，只是仍有小部分彈片留在他體內。

六個月後，有位朋友見到了他，並問他近況如何，他說：「我快樂無

比。想不想看看我的傷疤？」那位朋友看了他的傷疤，然後問當時他想了些什麼。傑里答道：「當我躺在地上時，我對自己說有兩個選擇：一是死，一是活。我選擇了活。醫護人員都很好，他們認為我會好的。但在他們把我推進急診室後，我從他們的眼中看到了『他是個死人』。我知道我需要採取一些行動。」

「你採取了什麼行動？」

傑里說：「有個護士大聲問我有沒有對什麼東西過敏。我馬上答，有的。這時，所有的醫生、護士都停下來等我說下去。我深深吸了一口氣，然後大聲吼道：『子彈！』在一片大笑聲中，我又說道：『請把我當活人來醫，而不是死人。」傑里就這樣活下來了。

持有什麼樣的心態，會直接影響一個男人對生活、工作、家庭、婚姻及人際交往等種種事情的態度。很顯然，用積極心態支配人生的男人，就擁有積極奮發、進取、樂觀的思想，能積極向上的正確處理人生遇到的各種困難、矛盾和問題。而持消極態度的男人，常常會抱怨生活的不如意、工作的艱辛、婚姻的不幸、世態的炎涼，在事業上容易失敗，身體健康會大打折扣，生活品質明顯下降。

人生不可能一帆風順、事事如意，當你遇到挫折時應適時的保持樂觀心態，「沒有過不去的門檻」、「退一步海闊天空」，不要讓悲觀的心態侵蝕寶貴的時間和生命，不要讓消極的心態阻礙對生活的享受和熱愛。

生活的快樂與否，完全決定於個人對人、事、物的看法如何；因為，生活是由思想造成的。如果我們想的都是歡樂的念頭，我們就能歡樂；如果我們想的都是悲傷的事情，我們就會悲傷。

(1) 樂觀是心胸豁達的表現。

比地大的是天空，比天大的是人心。心胸豁達的人是真正的強者，樂觀則是他們的情緒體驗。樂觀者能應付生活險境，掌握自己的命運。樂觀的人即使事情變糟了，也能迅速作出反應，找出解決的辦法，確定新的生活方案。樂觀的人不會對事業表現出失望、絕望，正如《EQ》書中所說：悲觀的心態泯滅希望，樂觀者則能激發希望。

(2) 樂觀是生理健康的法寶

按著目前的研究：人類壽命的自然極限應為一百三十歲到一百七十歲之間，但大多數人至今都未活到這個年齡。長期以來，科學家也進行大量研究，開始承認，人的疾病與壽命除了「生物模式」之外，還存在著「心理、社會醫學模式」。中東地區一位一百五十幾歲的長壽者，把自己長壽的祕密概括為一句話：「快樂的生活」。

絕望導致早死。研究者發現，老年喪偶後的半年裡，死亡率比同儕高出六倍。悲觀破壞免疫功能。情緒不僅是一種心理體驗，也是一種物化過程。悲觀不僅會造成代謝功能的失調，如心率、血壓、消化功能的紊亂，而且會使內分泌破壞或降低免疫功能。

快樂會使生病的人忘記痛苦，甚至會使生病的人也能比常人活得久。

(3) 快樂是人際交往的基礎。

你給予別人歡樂，就會得到歡樂。在人與人相聚時，你的快樂心情，微笑的表情，詼諧的語言會像春風溫暖別人的心，引發大家的笑聲，驅除心中的煩惱。當人們從你這裡得到這些美好的心靈享受之後，對你會油然產生一種感激之情，讚賞的目光，會覺得你有一種「精神吸引力一樣」願

意與你交往。這樣，你會加倍的得到別人帶給你的歡樂。

（4）樂觀是工作順利的條件。

知足常樂指的是心平氣和的對待當前的各種境遇，確定一個切實可行的可望可及的追求目標，不要有過高的奢望，也不要過低看待自己。樂觀的對待自己的工作，是工作順利的條件，期望過高或總是感受到不如意，其工作反而不順利，進而產生悲觀失望之感，處於一種惡性循環的情緒與行為之中。筆者幾年前的幾名學生面臨分配前，擔心留不到大都市；當得知留到大都市後又擔心進不了大化工公司；當進了大化工公司後又為進哪個廠而煩惱，橫向比總是不滿意，明明是絕大多數同學羨慕的工作卻使他們自尋苦惱哀歎。而有一位同學坦然的面對分配，進了工廠後高高興興的上下班，雖然工作職位累，他對自己說的是，「比上學前幫家裡種地輕鬆多了」，在這種樂觀的情緒下工作，加上原來的知識基礎，一年的轉正期到了，被提到生產線擔任統計員。正是有了樂觀的心態加上自學統計理論，一年後又被提到計畫處。這也許是偶然事件，但偶然之中也可以分析出一種必然，那些一直不滿意的學生的悲觀情緒究竟對工作達到了什麼作用？而樂觀的心態在那個工作順利的同學身上一點幫助沒有嗎？其實樂觀與自信一樣，可使人生的旅途更順暢。

（5）樂觀是避免挫折的手段。

所謂的樂觀是指面對挫折仍堅信形勢和情境必會好轉。從 EQ 角度看，樂觀是讓困境中的人不致流於冷漠、無力感、沮喪的一種心態。美國堪薩斯州大學心理學家史耐德（C.R.Snyder）經研究發現學生的成績與其心態是否樂觀有決定性的關係。當你設定某科成績八十分時，你考了六十

分，最樂觀的學生決定要更用功，並想得到補救的方法；次樂觀的學生也想到一些方法，但缺少實踐的毅力；最悲觀的學生則宣布放棄。

美國賓州大學心理學教授馬丁。沙里曼（MartinSeligman）在研究樂觀心態激勵人心的重要性時發現，對保險公司業務員的業績來說，一些樂觀測試成績高的業務員比悲觀型的業務員第一年超出百分之二十一，第二年超出百分之五十七。在一次次拒絕後，悲觀的人可能在心裡告訴自己「這一行我做不了，一張保單也別想賣出去」。而樂觀的人會告訴自己「可能我的方法不對」或者「不過碰到一個情緒不佳的客戶」。

當然，時時保持樂觀的心態，不是所有人都能做到的，當遇到重大挫折與災難時仍能保持樂觀、無所謂，這也不合乎常理；但傷心過後就應該學會調整心態，才能走出生活的陰影。所以當遇到不順心的事情時，應學會改變思維方式，盡快讓苦惱煙消雲散。記住，我們能改變的只有自己的心態，即保持積極樂觀的心態。

樂觀是我們心中的太陽。面對苦難和挫折，你要抬起頭來，笑對它，相信「這一切都會過去，今後會好起來的」。希望是不幸者的第二靈魂。嚮往美好的未來，是困難時最好的自我安慰。在多難而漫長的人生路上，我們需要一顆健康樂觀的心，需要絢爛的笑容。苦難是一所沒人願意上的大學，但從那裡走出來的，都是強者。

「放得下」是一種智慧

成功金言

古語說：「寵辱不驚，看庭前花開花落；去留無意，望天上雲捲雲舒。」這句話就道出了「放得下」的快樂，而作為現代人，我們為何不像他們一樣，學會「放得下」來給自己增加點心理彈性，你就會在生活中少一份煩惱，多一份快樂。

在現實生活當中，我們常常因為不懂得放棄所謂的固執、不肯放手，而不得不面對許多無奈的痛苦，其實這些讓我們身陷其中而無法自拔的困境，貌似無法解脫，實際上在我們懂得了放棄的藝術之後，一切都變得豁然開朗了起來。

兩個貧苦的樵夫靠著上山撿柴糊口。有一天在山裡發現兩大包棉花，兩人喜出望外，棉花價格高過柴薪數倍，如果將這兩包棉花賣掉，足可供家人一個月衣食無慮。當下兩人各自背了一包棉花，便欲趕路回家。

走著走著，其中一名樵夫眼尖，看到山路上扔著一大捆布，走近細看，竟是上等的細麻布，足足有十多匹之多。他欣喜之餘，和同伴商量，一同放下背負的棉花，改背麻布回家。

他的同伴卻有不同的看法，認為自己背著棉花已走了一大段路，到了這裡丟下棉花，豈不枉費自己先前的辛苦，堅持不願換麻布。先前發現麻布的樵夫見屢勸同伴不聽，最後只得背起麻布，繼續前行。

又走了一段路後，背麻布的樵夫望見林中閃閃發光，待近前一看，地上竟然散落著數罈黃金，心想這下真的發財了，趕忙邀同伴放下肩頭的麻布及棉花，改用挑柴的扁擔挑黃金。

他同伴仍是那套不願丟下棉花，以免枉費辛苦的論調，甚至還懷疑那些黃金不是真的，勸他不要白費力氣，免得到頭來一場空歡喜。

發現黃金的樵夫只好自己挑了兩罈黃金，和背棉花的夥伴趕路回家。走到山下時，無緣無故下了一場大雨，兩人在空曠處被淋了個濕透。更不幸的是，背棉花的樵夫背上的大包棉花，吸飽了雨水，重得完全無法再背得動，那樵夫不得已，只能丟下一路辛苦捨不得放棄的棉花，空著手和挑金的同伴回家去了。

有一位登山隊員去攀登珠穆朗瑪峰。經過奮力拚搏，攀爬到七千八百公尺的高度時，他感到體力支持不住，於是斷然決定停了下來。當他講起這段經歷時，朋友們都替他惋惜：為什麼不再堅持一下呢？為什麼不再咬緊一下牙關，爬到頂峰呢？

他從容說：「不，我最清楚自己了。七千八百公尺的海拔是我登山能力的極限，所以我一點也不感到遺憾。」

人的能力終究是有限的，每個人都有自己做不到的事。相信自己做不到的事，就是做不到，坦然處之，不會覺得自己低人一等，更不會影響自信心，這就是對自己能力不足的信任。做自己能做的事情是一種勇氣，放棄自己做不到的事情是一種智慧。

一隻鷸伸著長長的嘴巴在湖邊悠閒的行走著，突然牠眼睛一亮，發現前面有一隻肥肥的蚌正張開蚌殼在晒太陽，那肥而嫩的蚌肉在陽光的照耀下十分誘人，於是鷸就不顧一切的衝上前去，用長嘴一下就啄住了蚌肉。然而，蚌也不是省油的燈，只見牠忍住疼痛，猛將蚌殼收緊，把鷸那長長的嘴死死的夾住，就這樣，牠們誰也不讓誰，拼著性命僵持在一起。這時，一個老漁翁剛好從這裡經過，說了聲：「下酒菜有了。」輕易的將鷸和

蚌收入囊中，揚長而去。

這是有名的「鷸蚌相爭，漁翁得利」的成語故事。

在這個故事中，我們很容易得知：鷸和蚌之所以成了漁翁的下酒菜，就是因為牠們過於執著，牠們的思維已成定式，誰都捨不得放棄而造成的。

人亦如此，有時較之物類更是固執。執著於名與利，執著於一份痛苦的愛，執著於幻美的夢，執著於空想的追求。數年光華逝去，才嗟歎人生的元為與空虛。適當的放棄何嘗不是一種正確的選擇。

人非聖賢，孰能無過？出現失誤與過錯在所難免，一時的失誤與過錯不能代表我們將來也會出現失誤與過錯，不能也不會依此來評價我們的將來和一生，大可不必記在心裡，負罪內疚。否則，只會束縛我們的手腳，禁錮我們的思想，影響我們的工作積極性、主動性和創造性而碌碌無為。這種失誤與過錯，我們更要捨得放棄。

莎士比亞說過：最大的無聊是為了無聊而費盡辛苦。歷史上曾有許多人熱衷於永動機的製造，有的甚至耗盡了畢生的精力，卻無一成功。·達文西也曾是狂熱的追求者之一，然而一經實驗他便斷然放棄，並得出了永動機是根本不可能存在的結論，他認為那樣的追求是種愚蠢的行為，追求「鏡花水月」的虛無最後只能落得一場空。

如果一個人執意於追逐與獲得，執意於曾經擁有就不能失去，那麼就很難走出患得患失的盲點，必將會為達到目的而不擇手段，甚至走向極端。為物所累，將成為一生的羈絆。「執著就能成功」或許曾經是無數人的勵志名言。不錯，在歲月的滄桑中背負著這份執著，有過成功也有過失敗，儘管筋疲力盡，傷痕累累卻不曾放棄。直到歲月在艱難中躑躅而行，

蹉跎而逝，才驀然發現現實的殘酷是不允許我們有太多奢望，所謂的執著也不過是碰壁之後一份愚蠢的堅持。於是，我們開始反思，一個人註定不可能在太多領域有所建樹，要學以致用，要根據自己的實際，不能不顧外界因素和自身的條件而頭腦發熱，草率行事，要清楚追求的目的是什麼？為了心中那座最高的山，痛定思痛後我們依然要選擇適時放棄，放棄那些能力以外、精力不及的空想，放棄那些不切實際的目標，在惋惜之餘得到最大的解脫，同時發現幼稚的熱情已被成熟和穩健所代替，生命因之日漸豐腴起來，誰說這樣的放棄不是一種明智？

凡此種種，都需要我們捨得放棄，把過去的成績與失誤統統忘掉，並迅速轉入新的生活，並在工作中重新激發創業的熱情與壯志，重塑創新精神，提高創造能力，為自己明天事業的興旺發達增磚添瓦。

執著的追求和達觀的生活態度從來就不是矛盾的。所謂「有所不為，才能有所為」、「退一步海闊天空」、「山窮水盡疑無路，柳暗花明又一村」這些都恰恰道出了前人在有限的生命裡面對無限的大千世界時的感悟。

捨得放棄，說到底是一個人真正屬於了自己，真正懂得了如何駕馭自己。「放得下」主要展現於以下幾方面：

(1) 財富能否放得下。

李白在〈將進酒〉詩中寫道：「天生我材必有用，千金散盡還復來。」如能在這方面放得下，那可稱得上是非常瀟灑的「放」。

(2) 情感能否放得下。

人世間最說不清道不明的就是一個「情」字。凡是陷入感情糾葛的人，往往會理智失控，剪不斷，理還亂。若能在情感方面放得下，可稱得

上是理智的「放」。

(3) 名利能否放得下。

據專家分析，高智商、思維型的人，患心理障礙的比率相對較高。其主要原因在於他們一般都喜歡爭強好勝，對名看得較重，有的甚至愛「名」如命，累得死去活來。倘若能對「名」放得下，就稱得上是超脫的「放」。

(4) 憂愁能否放得下。

現實生活中令人憂愁的事實在太多了，就像宋朝女詞人李清照所說的：「才下眉頭，卻上心頭。」憂愁可說是妨害健康的「常見病，多發病」。狄更斯說：「苦苦的去做根本就辦不到的事情，會帶來混亂和苦惱。」泰戈爾說：「世界上的事情最好是一笑置之，不必用眼淚去沖洗。」

愛這個世界，你別無選擇

成功金言

我們每個人在出生的那一天都得到了一份上帝送給我們的最好的禮物，那就是世界。那麼，我們也應給這個世界一份禮物，那就是我們對這個世界的愛，對這個世界上所有的人、物的愛。

想一想，我們的父母把我們每個人帶到這個世界上，的確是一種奇蹟。

我們和給了我們生命的父母能在一起生活，是一種緣分，也是一

種幸福。

我們和我們周圍的人，不管是你的鄰居、你的同事、你的朋友，甚至你的敵人，能一起生活在這個星球上，而且還處於同一個時代，的確也是一種緣分，一種幸福。

我們和路旁的小樹、小草，花園裡盛開的花朵，樹蔭裡快樂的鳴叫著的小鳥，樹林裡快活的跳躍的小鹿，能一起生活在同一片藍天下，也是一種緣分，一種幸福。

俗話說，「十年修得同船渡」，那麼，我們和我們的父母、我們周圍的人、花朵、小鳥、小草、小樹、小鹿，一起生活在這個世界上，不知修了多少年？

再想一想，我們在這個世界上，只能生活短短的幾十年，的確是太短太短的一個瞬間。

我們出生的時候，父母親盼望著我們長大，因為他們把我們帶到這個世界上，就是為了讓我們長大成人；而當我們真的長大成人的時候，父母親又怕我們長大，因為當我們長大的時候，他們就老了。

當我們剛剛懂事的時候，我們盼望著我們長大，因為長大了，我們就可以掙脫父母親用愛織成的那一張網；而當我們到了可以掙脫那張網的時候，卻又多麼希望那張網永遠永遠的罩著我們。

所以，我們沒有理由不愛一切。

我們的確沒有理由不愛我們的這個世界，哪怕這個世界仍然有各式各樣的讓你我不滿意的地方，有戰爭，有犯罪，有汙染。只因為她是我們的世界。

我們的確沒有理由不愛我們的父母，哪怕我們的父母只是一個普通的

再也不能普通的人，哪怕他們沒有留給我們萬貫家產，哪怕他們並沒有給我們高貴的血統。我們愛他們，只因為他們是我們的父母。

我們的確沒有理由不愛我們周圍的人，鄰居、同事、朋友。儘管為了某事，你和鄰居吵過架；儘管為了某事，你和同事有過不快；儘管為了某事，你和朋友紅過臉；儘管為了某事……但這些並不妨礙我們愛他們，只因為我們生活在同一個地球上，生活在同一片藍天下。

如果我們不再一定要找出愛的理由來，而將愛本身就作為一種最恰當不過的理由，我們就不會再為自己找不到那些不應該尋找的愛的理由而生出無窮的煩惱了，也不會再讓我們與我們一生也難以遇到的人天各一方，以致於抱恨終生！

是的，世上沒有無緣無故的恨，也沒有無緣無故的愛。但我們一起生活在這個美麗的星球上，這個理由還不充分嗎？

所以，愛我們這個世界吧，既然人生如此短暫。

愛我們的父母吧，既然是他們給了我們生命。

愛我們的鄰居、同事、朋友吧，既然我們是鄰居，是同事，是朋友。

愛我們身邊的小鳥、小鹿、小草、小樹，還有美麗的花朵吧，既然他們和我們一起點綴著這個世界。

所以，請你熱情的相信「這的確是一個美好的世界」，那麼它就真的會變成一個極其美好的世界。

無論怎麼說，愛畢竟是我們這個世界裡最值得去散播的種子。大部分人臨終的時候都希望有這樣的感覺：我們生活得很好，並且在我們將要離開這個世界的時候，能夠感到這世界曾經因為我們的到來而變得更加美麗，更加美好。

　　所以，每一個人都應該向自己的四周散播自己的愛心。這就像玩彈力球一樣，你將它們拋出去，它們又會再彈回來。對我們來說，這只是小事一椿，但是我們的世界卻因此收到了一份珍貴的禮物，我們的生命也就因此而變得非比尋常。

　　是的，無論你願意不願意，你都得在我們這個星球上生活下去。在我們這個世界上，有明媚的陽光，有盛開的鮮花，有綠草青青的山坡，有那麼多可愛的小動物；當然，還有我們這些人類。當然，在我們這個世界上，也有戰爭，有核子武器，有犯罪，有失業，有環境汙染等等。這些都是我們每個人必須面對也不得不面對的問題。

　　但無論怎麼說，這是一個美好世界。從一定意義上說，愛這個世界，你別無選擇！

　　生命對於我們來說是非常寶貴的。如果我們的壽命是七十歲的話，我們能在這個星球上看到兩萬五千五百六十七次日出。我們確實沒有那麼多的時間浪費在煩惱、自我輕視、憂鬱沮喪，以及絕望之中。人生真是非常短暫，短到我們不能將它浪費在悲歡呻吟之中。因而，我們就沒有理由再去懷疑這個世界是否美好，我們投有懷疑的時間。

　　只要你付出一份愛心，那麼這個世界就是最美麗的世界。

「逆境」是最為嚴厲的老師

成功金言

> 「逆境」是最為嚴厲最為崇高的老師，它用最嚴格的方式教育出最傑出的人物。人要獲得深邃的思想，或者要取得巨大的成功，就要善於從艱難窮困中摒棄淺薄。不要害怕苦難，不要鄙夷不幸。往往不幸的生活造就的人才會深刻、嚴謹、堅忍並且執著。

每一個人的成長道路都不是一帆風順的。真正傑出的人物，總是能突破逆境，崛起於寒微。艱難的環境既能毀滅人，也能造就人；不過，它毀滅的是庸夫，而造就的往往是偉人！

想要成為勝利者，必須學習如何在困厄中向前邁進。當困難或危急來臨時，你如果下定決心渡過難關，那你就會找到一條解決問題的新途徑。

下面的練習列出了幾個重點，當危機發生時，它將幫助你渡過難關；平常它也可以成為你邁向成功的指標。

如果你想渡過難關（或更恰當的處理今天所遇到的事情），你可以將下列勝利者的技巧，納入日常生活中。

(1) 當挫折越多時，越需要更加努力。

太早放棄只會增加問題。面對挫折，繼續前進，加倍努力，下定決心渡過難關，堅定信念，直到成功為止。

(2) 實際。

實際的評估你的危機。如果你否認情況的嚴重性，你就不會好好的準備去改變它。

59

(3) 不要退縮。

盡你所能的去做，不要擔心精力耗竭。勝利者工作繁重，但他們還要做得更多，他們從不考慮疲勞或辛苦的問題。

(4) 追隨預兆。

當你想要有所成就時，聽聽你的理智和直覺吧！反抗親人或朋友所給你的壓力，堅信自己的立場。無論對或錯，只有時間才是最好的裁判。

(5) 和生氣打交道。

當不幸的狀況把你逼入困境時，生氣是一種正常反應。這時候，你就必須了解生氣會增加困難，你雖然有權利生氣，但是現在你卻需先花時間來處理問題。

(6) 一次一小步。

在一次主要的危機或是嚴重的事情發生時，一次只能承擔一件事，直到你的感情恢復正常為止。不要想做超人或想把事情一次解決。選擇一件當時可以處理的事，好好的去做。每一次少量成功的經驗，會使你的精力逐漸增加，並增進你肯定的人生觀。

(7) 讓別人來安慰你。

無論好或壞，失敗者總是不停的抱怨。因為這種否定的人生觀，所以當危機真的來臨時，很少人會相信或安慰他們。但若你是個肯定而且能妥善處理日常生活的人，在遇到困難時，一定要讓別人知道你心中的恐懼，給別人一個可以安慰你的機會！你值得別人給你支持，而且你的要求也是自然的。

(8) **不斷嘗試。**

解決危機的方法並不是很簡單就找得到的，但是只要你敢不停的試驗、不停的嘗試新方法，無論成功的比例多麼低，你總會找到的。

(9) **將負債轉為資產。**

張大眼睛，保持警覺性。機會很可能就在危險或困厄之中。不要將注意力集中在不幸事件上，你要去找尋希望。即使在最悲慘的時刻，一個充滿希望的意念，也會帶領你走向新機運。

一位偉人說過：「並不是每一次不幸都是災難，早年的逆境通常是一種幸運。與困難作鬥爭不僅磨礪了我們的人生，也為日後更為激烈的競爭準備了豐富的經驗。」高爾基也曾說過：「苦難是最好的大學。」逆境和苦難常常能鍛鍊人們的意志，一旦具備了像鋼鐵一般的意志，成功對於他們而言，也是理所當然的事情了。事實上，每一位傑出人物的成長道路都不是一帆風順的。正是他們善於在艱難困苦中向生活學習，磨礪意志，才在最險峭的山崖上扎根成長為最偉岸挺拔的大樹，昂首向天。

人要贏得起也要輸得起

> **成功金言**
>
> 人生一世難免成敗，做一個人不僅要能贏得起，同時也應輸得起。
> 因為勝敗實乃兵家常事，也是人生常事。

宋朝的文學大師蘇東坡有句詩叫：「勝固欣然敗亦喜」。因為才華橫溢的蘇大才子雖然琴詩書畫無所不精，但在圍棋一道上卻是個臭棋簍子。更

尷尬的是，他偏偏獨好此道，真是屢戰屢敗，屢敗屢戰，蘇大學士就用這句詩來表明自己的心態，後人讚他胸襟寬博，不以勝負縈懷。

「勝固欣然敗亦喜」，說的是那一場屬於君子們的不散盛宴 —— 圍棋。在傳統歷史上，圍棋多半是閒時消遣，三兩好友拾子對弈，幾盤下來，談笑間時光匆匆而過，「勝固欣然敗亦喜」，棋士們追求更多的往往只是一種心境的昇華和心靈的養成，也因此在傳說中仙人常以棋會友，王樵爛柯，積薪逢仙，留給後世。留給後世的大多是美麗的傳說。這是何等崇高的一種境界？古人有喜歡圍棋者，左手和右手對下，最後是勝固欣然，敗亦喜。我們正應該是這種精神的繼承者。

人生一世難免成敗，做一個人不僅要能贏得起，同時也應輸得起。因為勝敗實乃兵家常事，也是人生常事。能以客觀、平常心去看待這種勝負，不那麼計較成敗，便可在糊塗時，擁有良好的心情。才不至於在勝利時沖昏頭腦，在失敗時，耿耿於懷，一蹶不振。

在一次殘酷的長跑角逐中，參賽的有幾十個人，他們都是從各路高手中選拔出來的。

然而，最後得獎的名額只有三個人，所以競爭格外激烈。

一個選手以一步之差落在了後面，成為第四名。

他受到的責難遠比那些成績更差的選手多。

「真是功虧一簣，跑成這個樣子，跟倒數第一有什麼區別？」

這就是眾人的看法。

這個選手若無其事的說：「雖然沒有得獎，但是在所有沒得到名次的選手中，我名列第一！」

誰說跑第四名跟跑倒數第一，沒有什麼區別！在競爭中，自信的態

度，遠比名次和獎品更為珍貴。贏得起，也輸得起的人，才能夠取得大的成就。

如果你不能將輸贏看淡，而是格外認真的去計較這一切。結果很有可能會事與願違。周谷城先生有一次在接受記者採訪時，記者問他：「您的養生之道是什麼？」他回答說：「說了別人不信，我的養生之道就是『不養生』三個字。我從來不考慮養生不養生的，飲食睡眠活動一切聽其自然。」他講得太好了，對比那些吃補藥吃出毛病來的，練氣功練得走火入魔的，長跑最後猝死在跑道上的，還有秦始皇漢武帝等追求長生不老之藥的，賈家甯國府裡煉丹服丹最後把自己藥死的……他的話很清楚的說明了糊塗做人的深意。

人生無論成敗，都沒有什麼值得牢記於心的。糊塗一點，盡快忘記那些過去的不快記憶，才會少一些壓力，以後的路才能走的更順暢。

韓國早期有一位乒乓球運動員李善玉，在國內屢戰屢勝。一次代表國家隊參加世界錦標賽，臨賽前的一天晚上，她承受不住心理壓力，用刀將自己的手腕割破，謊稱有人行刺她後跑了。結果這件事被查出，成為國際上一大醜聞，為此國家隊將她除名。

但在隨後的韓國國內比賽中，她又屢屢獲勝。為了給她機會，國家隊又將她重新召回。在一次國際重大比賽中，她遭遇了一名之前從未輸過球的德國運動員。開始，李善玉連贏兩局，第三局對方趕上幾分後，李善玉開始動搖了，結果連輸三局。外電評論：李善玉沒輸在技術上，而是輸在只想贏不想輸的心態上。

李善玉的這一路因贏得起卻輸不起，走的坎坷崎嶇。這便是不能糊塗就不能勝利的代價。

　　每個人都不必總乞求陽光明媚，暖風習習，要知道，隨時都會狂風大作，亂石橫飛，無論是哪塊石頭砸到了你，你都應有迎接厄運的氣度和胸懷，在打擊和挫折面前做個堅強的勇者，跌倒了再重新爬起來，將自己重新整理，以勇者的姿態迎接命運的挑戰。

　　一九九六年英國舉行的歐洲盃足球錦標賽半決賽，競爭雙方分別是德國隊和英格蘭隊。英格蘭隊狀態極佳，又是在家門口比賽，志在必得。德國隊當時也處在高峰時期。九十分鐘內兩隊踢了個平局，加時又是平局，最後只得點球大戰決勝負。英格蘭隊極其興奮，踢進一個點球，球員就表露出欣喜若狂不可一世的架勢，而德國隊卻顯得很冷靜，踢進一個點球也基本上無甚反應。後來，英格蘭隊輸了。一位足球評論員說：「英格蘭隊太想贏了，所以反而輸了。」

　　查斯特・菲爾德說：「一個富足的個性，在生活中能夠笑看輸贏得失。他們深信自然和自己的潛能足以實現任何夢想，認為一個成功者周圍倒下千百個失敗者是不成功的，真正有效的成功者，只在自己的成功中追求卓越，而不把成功建立在別人的失敗上。」有首禪詩寫道：「盡日尋春不見春，芒鞋踏破嶺頭雲。歸來都把梅花嗅，春在枝頭已十分。」當我們拼命在物質世界中尋求快樂的時候，往往忽略了我們的內心世界 ── 自己的精神家園，而當我們真正靜下心來，重新審視自己的時候，卻會發現，真正的快樂只來自於自己內心的安詳。

　　要做到「勝固欣然敗亦喜」，需要我們有一種樂觀的生活態度。其實，人生就如一曲旋律，曲中充滿抑揚頓挫與悲歡離合，關鍵在於我們怎樣去把握生活，多一分樂觀，少一分憂愁，這正如事事退一步就海闊天空。我們應該享受平淡帶給我們的溫馨，清心寡欲能帶來意想不到的成功

和喜悅。希望每一位朋友都能坦然的面對生活，在坦然中求得一分快樂。

找了許多種理由之後，才得以發現：生活在我們的視野下呈現出與人的不同，不是生活賜予，我們都有什麼不同，卻僅僅是由於在我們的胸襟之中，盛滿著這麼兩個字：坦然。坦然便是一種失意後的樂觀。

勇敢的抬起頭，接納自己

成功金言

樂觀的人，不因相貌平平而自卑畏縮、悲觀厭世，不因一次嚴重過失而悔恨不已、自輕自賤，不因一時挫折而灰心喪氣、否定自我，不因身有殘缺而覺得低人一等、自暴自棄......面對生活的不如意，勇敢的抬起頭來，接納了自己。

一個人要奮鬥，要創業，就難免遇到困難和挫折。在面對挫折和困難的時候，每個人的心裡都是不好受的，而人們在處理挫折和困難的方式也主要有兩種：

一是自責，抱怨和逃避。這樣的男人會在心理罵自己，打自己，認為自己一無是處，完全是個廢人、弱智、笨蛋等，先把自己搞得遍體鱗傷之後，再逼迫自己立刻戰勝困難，不允許自己再有絲毫的差池。這完全就是一種自虐，結果必然只是個惡性循環。

二是接納、鼓勵和奮鬥。這樣的人在遇到問題和挫折後，首先做的就是自己給自己寬心，原諒自己又犯錯了，然後會給自己打氣，告訴自己這只是一時的失敗，只要自己不斷的努力，總有一天一定會成功的。

接納自己，是一個人自尊和自信的表現，是一個人良好的自知力的表

現，同時也是一個人心理健康的表現。

有一個出家弟子跑去請教一位很有智慧的師父，他跟在師父的身邊，天天問同樣的問題：「師父啊，什麼是人生真正的價值？」問得師父煩透了。

有一天，師父從房間拿出一塊石頭，對他說：「你把這塊石頭拿到市場去賣，但不要真的賣掉，只要有人出價就好了，看看市場的人肯出多少錢買這塊石頭。」

弟子就帶著石頭到市場，有的人說這塊石頭很大，很好看，就出價兩塊錢；有人說這塊石頭可以做秤砣，出價十塊錢。結果大家七嘴八舌，最高也只出到十塊錢。弟子很開心的回去，告訴師父：「這塊沒用的石頭，還可以賣到十塊錢，真該把它賣了。」

師父說：「先不要賣，再把它拿到黃金市場賣賣看，也不要真的賣掉。」

弟子就把這塊石頭拿到黃金市場賣，一開始就有人出價千元，第二個人出價萬元，最後有人出到十萬元。弟子興沖沖的跑回去，向師父報告這不可思議的結果。

師父對他說：「把石頭拿到最昂貴、最高級的珠寶商場去估價。」

弟子就去了。第一個開價就是十萬，但他不賣，於是二十萬，三十萬，一直加到後來對方生氣了，要他自己出價。他對買家說，師父不許他賣，就把石頭帶了回去，對師父說：「這塊石頭居然被出價到數十萬。」

師父說：「是呀！我現在不能教你人生的價值，因為你一直在用市場的眼光在看待你的人生。人生的價值，應該是在一個人心中，先有了最好的珠寶商的眼光，才可以看到真正的人生價值。」

我們的價值，不在於外面的評價，而是在於我們給自己的定價。我們每一個人的價值都是絕對的。堅持自己崇高的價值，接納自己，磨礪自己。給自己成長的空間，我們每個人都能成為「無價之寶」。

接納自己，首先就是要客觀的認識自己，正確的評價自己，完全的接受自己，適當的寬容自己。一句話，就是要自己喜歡自己，自己把自己當成是可以理解、尊重並時常相互批評也相互鼓勵的忠誠的朋友，自己與自己不卑不亢、不急不躁的和平共處。

接納自己的同時還要善待自己，而不是苛求自己，追求十全十美。對自己不以小疵蔽大德，不以微瑕掩碧玉，不以己短比他人之長，不把昨日的錯誤擋於前行的道路，不忽視自己的優點和成功，不誇大自己的缺點和失敗。一句話，就是不跟自己過不去。

人人都想進取殊不知，自我接納才是進取的前提。接納自己的人未必一定會進取，但是不接納自己，也很難有較大的進步。進取心有兩種，一種是追求成長，一種是避免失敗。不接納自己的人，進取心更多的用在了避免失敗上。因為不信任自己，所以很難鼓起勇氣對自己提出高要求。結果就是無法取得建設性的進展。

要接納自己就是要接納一切，包括你平凡的過去。不要去羨慕別人已站在山頂，即使還在山腳下，只要不失攀登高峰的勇氣；不要去羨慕別人已站在成功的輝煌旁邊，即使自己起步在起點上，只要不乏進取的自信，前進的步伐也不會停止。

接納自己自然也包括不幸。世界既然有了你的存在，就一定會有一條屬於你的路，就要走下去。不要為自己的不幸而自卑，世界不會因為你而失去光彩。所以請接納自己、珍惜自己。

有句歌詞是：「先愛你自己，別人才愛你。」一個看不起自己的人還有誰會重視你？自尊是獲得別人尊重的基礎，自信是贏得別人信任的根本。所以你要學會接納自己。

那麼，如何自我接納呢？

(1) 不與自己對立。即停止對自己的不滿和批判。不論自認為做了多少不合適的事，有多少不足，從現在起停止對自己的挑剔和責備，要學習站在自己這一邊，維護自己生命的尊嚴和價值。

(2) 允許自己犯錯。允許自己犯錯誤，但在犯錯誤後要做出補償，以彌補自己的錯誤造成的損失；不犯同樣的錯誤。

(3) 正確對待負面情緒。如果你產生了負面情緒，不要去抑制、否認或掩飾，更不要責備自己，對自己生氣。要先坦然的承認並且接納自己的負面情緒，不論是沮喪、憤怒、焦慮還是敵意。人產生負面情緒是很正常的，是提醒你對現狀要有所警覺，是改變現狀的先決條件。如果一個男人不為自己的成績差而沮喪，就不會想努力學習；如果一個人不為和別人的矛盾而苦惱，就不知道自己的人際交往方式需要調整。

(4) 包容自己的一切。絕大多數人從小就受到種種有條件的關注，或者嚴格的管束，致使很多人以為只有具備某種條件，如：漂亮的外表、優秀的學業成績、過人的專長、出色的業績等等，才獲得被自己和他人接納的資格。於是很多人因此背上了自卑的包袱。由於曾經被挑剔，也就逐漸習慣用挑剔的目光看待自己，越看越覺得無法接受。所以我們要學習做自己的朋友，站在自己這一邊，接受並且關心自己的身體和心理狀況，不加任何附加條件的接納自己的一切。

樂觀還是悲觀，取決於你的選擇

成功金言

樂觀還是悲觀，取決於你的思維習慣、生活方式以及心理素養。在任何一種情況下，你都可以選擇是要樂觀還是要悲觀。

假設我們設想某一個公司的銷售額沒有達到去年的水準。銷售經理召集他的職員開了一個大會，他說：「我們必須提高銷售額，否則我們明年將會很慘。」

我們假設還是同樣的經理，他說：「我們還有與更多的潛在客戶合作。雖然我們今年沒有完成目標，但我堅信以後我們會的，我們一定會做得更好，因為我們本身就很優秀。」哪一種表達方式更能激起職員們的樂觀情緒和積極的反應？

在第一個季度經營平淡的情況下，明智的經理會樂觀的看到在下面的三個季度裡他們可以做得更好。而悲觀的經理則會有意無意的寄望於下一個年頭。他的情緒將會透過某種方式傳遞給他的職員和顧客。那麼毫無疑問，這個年頭將不會是一個好年頭。

假設你在做房地產生意，你對自己說：「現在抵押貸款很困難，現在可能不是做生意的好時候，我為什麼要跟自己過不去呢？」

現在，再和另外一種想法作一個對比：「現在抵押貸款很困難，它將會嚇跑一些實力薄弱的投資者。現在正是做生意的好時候，最大的受益者將會是我這樣嚇不跑的人。」

另外一個例子：你以賣車為主，但是你發現幾乎所有的顧客都只買你

的競爭對手的車，你可能會想：「他們的車的確不錯，但是有誰樂意在大街上駕駛和別人一樣的車？現在是我賣車的好機會。」

另外一種反應是消極的：「他們的車在市場上很搶手，每一個人都想買，我可競爭不過他們；每一個來買我的車的客戶都在拿我的車和他的車相比，我不如就此罷手，和他們競爭是無益的。」

由此看來，樂觀是一種選擇，悲觀是一種選擇，沮喪也是一種選擇，亞伯拉罕‧林肯曾經說過：「大多數的人都是像他們所決定的那樣高興起來的。」

如果你希望操練驗證一下，不妨從下面開始，看一看這樣做之後你的情緒是否會提升。

(1) 利用鏡子技巧，使你臉上露出一個很開心的笑臉來，挺起胸膛，深吸一口氣，然後唱一小段歌，如果不能唱，就吹口哨，若是你不會吹口哨，就哼哼歌，記住自己快樂的表情。

(2) 堅持微笑待人，俗話說：笑一笑，十年少。笑可以使肺部擴張，促進血液循環。

(3) 學習運用幽默。幽默是能在生活中發現快樂的特殊的情緒表現，可以從容應付許多令人不快、煩惱、甚至痛苦、悲哀的事情。

(4) 用歡樂促進人際關係，在寢室就寢前講幾段笑話或提議回顧小品、相聲中的片斷。

(5) 忘卻不愉快的經歷和事情。培養廣泛興趣，既充實生活，保持心情愉快，也可以作為化解緊張情緒的手段。

(6) 多參加有益的藝文及體育活動。培養活潑進取、開朗、積極參與的生活態度，在平凡穩定的生活中創造追求的源泉，譜寫快樂的人生。

(7) 對環境和他人不要提出不切實際的非分要求，告訴自己快樂的核

心是自我滿足。

(8) 當別人試圖激怒你時，自我暗示：「我是一個豁達的人，一個胸如大海的人」。

(9) 制定座右銘。每當緊張出現時，想起自己的座右銘如「我是一個冷靜的人」，然後進行自我放鬆。

(10) 假如有疾病產生，告訴自己人生不以絕對時間長短論好壞，而以品質論高低。快樂的過一天比煩惱的過一年都有意義。

一日之計在於晨，所以我們首先應明白的第一件事情就是樂觀應從早晨開始。也許你昨天睡得太晚，吃得太多或工作太辛苦，因而你在起床時就會感到太疲憊，你可以在起床前透過呻吟來排遣你的不適，但切忌不要把它帶到你的一天的生活中，要知道如果每天的開始你能保持一個愉悅的心情，並且告訴自己這將是怎樣的一天，那麼你的樂觀情緒就會滲透到你日常生活中的所有角落。

當你早晨起來的時候，不要讀報紙的頭版，從一個輕鬆的部分開始，比如體育版、生活方式版，或者從幽默笑話開始。

最後再轉入頭版（這時你才會對這個被悲觀浸透了的世界有一個清醒的認識，可以分析出到底是哪裡出了問題）。

作為每天必須的練習，當你起床時，不要考慮自己的生活上或公司裡出了什麼差錯，或今天可能出什麼問題，而要好好想想，自己到底做過什麼 —— 自己的成績 —— 然後告訴自己，今天將會是一個好日子。

這樣，每天早晨你起床的時候，你就可以大聲對自己說一聲：「今天將會是一個好日子。然後你可以再說：「今天是屬於我的，沒有誰能把它從我身邊拿走。」

這樣你便可以讓自己愉快起來，而不會對昨天發生過的不愉快的事抱

71

怨不休，也不會沉溺於對過去歷史不幸記憶的緬懷之中。從而把你的樂觀情緒帶給你周圍的人。

培養快樂的習慣

成功金言

> 如何擁有快樂，是心理學、健康學裡的大課題。一個擁有快樂的人，可以成為情緒的主人，可以坦然面對一切是非曲直和悲歡離合，有助於樹立樂觀的人生態度，可以在生活和事業中不斷增加前進的動力。

人生的最高境界就是快樂。渴望人生的愉悅，追求人生的快樂是人的天性，每個人都希望自己的人生是快樂的，充滿歡聲笑語的。快樂是一種積極的處世態度，是以寬容、接納、愉悅的心態去看待周邊的世界。可是現實生活並不是真空狀態，不如意的事情是難免的。英國思想家伯特蘭·羅素認為：人類種類各異的不快樂，一部分是根源於外在社會環境，一部分根源於內在的個人心理。

快樂的人是最能讓人輕鬆的，像春天的微風給家人帶來溫暖，給同事帶來溫馨，給工作帶來成功，給自己帶來自信。

快樂的人知道怎樣調整情緒，善於從身邊尋找快樂。

在森林的一條小路上，一個商人和一個樵夫經常相遇。

商人擁有長長的駝隊，一箱箱的綾羅綢緞都是商人的財富。

樵夫每天都要上山砍柴，斧頭和繩子是他最親密的夥伴。

然而，商人整天愁眉苦臉，他不快樂。樵夫每天歌聲不斷，笑聲朗

朗，他很幸福。

一天，商人又與樵夫相遇，他們同坐在一塊大石頭上休息。

「唉！」商人歎道，「我真不明白，小夥子，你夠窮的了，怎麼那麼快樂呢？你是否有一個無價之寶藏而不露呢？」

「哈哈！」樵夫笑道，「我也不明白，您擁有那麼多財富，怎麼整天愁眉苦臉呢？」

「唉！」商人說：「雖然我是那樣的富有，但我的一家人總是為了錢財吵得不可開交。他們整天想的就是如何比其他人擁有更多，卻沒有一個想到為我付出哪怕一丁點真情實意。當然，我一回到家他們就會眉開眼笑，可是我始終弄不明白，他們是對著錢笑還是對著我笑。我雖家財萬貫，但我卻常常感到自己實際上是一個一無所有的窮光蛋。我能快樂嗎？」

「哦，原來如此！」樵夫道，「我雖然一無所有，但我時時感覺到我擁有永恆的幸福，所以我經常樂不可支。」

「是麼？那麼你家裡一定有一個賢慧的妻子？」商人問。

「沒有，我是個快樂的光棍漢。」樵夫道。

「那麼，你一定有一個不久就可迎娶進門的未婚妻。」商人肯定的說。

「沒有，我從來沒有過什麼未婚妻。」

「那麼，你一定有一件使自己快樂的寶物？」

「假如你要稱它為寶物的話，也可以。那是一位美麗的女孩送給我的。」樵夫說。

「哦？」商人驚奇了，「是一件什麼樣永恆的寶物，令你如此幸福呢？一件金光閃閃的定情物？一個甜蜜的吻？還是……」

「這個美麗的女孩從來沒有同我說過一句話，每次在村裡與我相遇，

她總是匆匆而過。三年前，她去了另一個都市生活。就在她臨走之前，上車的時候，她……」樵夫沉浸在幸福之中了。

「她怎麼樣？」商人急切的問。

「她向我投來了含情脈脈的一瞥！」樵夫繼續道，「這一瞬間的目光，對於我來說，已經足夠我幸福一生了。我已經把它珍藏在我的心中，它成了我瞬間的永恆。」

商人看著幸福無比的樵夫，心中說道：

「真正的富翁應該是他，我才是個名副其實的窮光蛋。」

快樂需要發現，需要挖掘，也需要創造。快樂的人保持著積極向上的人生態度。快樂本來就是一種情緒，一種感覺，一種積極、樂觀、向上的情緒與感覺。消極的人不會有快樂，多愁善感的男人也不會有快樂，思想萎靡頹廢的男人同樣不會有快樂。那些愛講牢騷怪話的男人，那些怨天尤人的男人，那些對現實中一切都不滿的人，是不會有快樂的，而有的只是怨恨與嫉妒，一個與恨和嫉妒相伴的人，又怎能獲得快樂呢？那些貪官雖然擁有百姓望塵莫及的權力，還有一輩子甚至幾輩子也花不完的錢，可是他們仍然不覺得快樂，為什麼呢？因為害怕不知哪一天會「翻船」，所以整天生活在緊張、焦慮和謊言之中。懷裡揣著忐忑不安的心，又怎能獲得快樂呢？

快樂的人知足，但永不停歇，時刻保持一顆平常心。會滿足於環境，滿足於生活，對未來永遠有更高的追求。而不會追求虛名，懂得為人處事，不會爾虞我詐。一個快樂的人並不是永遠奔跑在路上，而是有著自己的生活方式，會腳踏實地的做好工作，會輕輕鬆鬆的讓生活充滿情調。

快樂的人具有一顆博愛之心，心地善良，熱愛家庭，熱愛工作，關心

周圍的人們。不僅會為不幸的人們拋灑同情的眼淚，也會向有難的人們伸出援助之手。他不容易感動，但卻能用行動來表示感激。而無愛的人是不會真正快樂起來的。

快樂的人有著寬廣的胸襟，能包容家人的缺點，寬恕朋友的過錯，容忍同事的誤解。不會斤斤計較，不會針鋒相對。快樂的人有時也會難得糊塗，這也是一種修養。

快樂的人對自己、對未來充滿信心。就像一顆大樹給別人帶來踏實的安全感。身上有一種無形的光芒，吸引著你走向這個快樂的人。工作細心，踏實，成績卓越。善於把握異性的心理，和她們友好的相處。在生活中知道怎樣充實自己。

快樂的人會設法善待自己。能承受人生中不可避免的挫折和鬥爭。對人生的最大滿足感不是對家庭生活、友誼或收入的滿足，而是對自我的滿足。

以下幾種方法，有助於人們培養快樂的習慣：

(1) 培養自尊心。

喜歡自己似乎很容易，但如何培養真正健全的自尊心呢？自尊心源自於合乎實際的目標。對多數男人來說，願望和目標之間總是有差距的，這一差距常引起灰心。只要使願望更符合實際就更能滿足。此外，避免與相貌、收入、工作成就、運動技巧等方面高出兩級的男人比較。人比人會氣死人，並有損自尊心。

(2) 學習快樂。

快樂的人善於製造快樂。不要只坐在那裡等待快樂的感覺出現，應該

學習快樂的人的動作和談吐。可以經常對著鏡子咧嘴而笑。假裝快樂不能在三十天中把一個內向的人變成一個開心的外向的人，但卻是邁向正確方向的第一步。

（3）換個適當的工作。

勝任愉快的工作能帶來更大的快樂，太花時間或艱難的工作只會引起焦慮和緊張。敬業、樂業是快樂的因素之一。適當的工作能產生滿足感。

（4）睡眠要充足。

失眠的人不會是快樂的人。只有充足的睡眠才有利健康、提高生產力、減少意外的發生。

（5）重視人際關係。

與別人關係良好有利於健康。良好的友誼有助傾訴內心的痛苦。沒有知心朋友是很糟糕的。密切的關係也能提高快樂的層次，孤獨的人肯定會覺得人生毫無意義。

（6）追求自己的事業。

快樂也是建立在對事業的追求之上的。只要朝著某個目標積極的努力，一定能夠全力以赴的去工作。一個人在追求事業的過程中，不管環境如何，也會感到十分快樂。愛迪生有一間價值幾百萬美元的實驗室被火燒掉了，但他毫不在乎的說：「沒什麼！我們明天開始重建就是了。」由於愛迪生保持著進取的人生態度，並沒有因為事業上的損失而感到不幸。

在生活中培養樂觀的心態

成功金言

拿破崙‧希爾曾說過，人的身上有一個看不見的法寶，這個法寶的
一邊裝著四個字：積極心態。它是獲得財富、成功、幸福和健康的
力量。另一邊裝著四個字：消極心態。它剝奪一切使你生活有意義
的東西。

人生充滿了選擇，而生活的態度就是一切。你用什麼樣的態度對待你
的人生，生活就會以什麼樣的態度來對待你。你消極，生活就會暗淡；你
積極向上，生活就會給你許多快樂，你就能擺脫困境。

大發明家愛迪生靠他的智慧和勤奮，終於為自己建起了一個有著相當
規模的工廠，工廠裡有著設備相當完善的實驗室，這些都是他幾十年心血
的結晶。然而不幸的是，一天夜裡，他的實驗室突然著火，緊接著引燃了
儲存化學藥品的倉庫，隨後幾乎不到片刻的工夫，整個工廠便陷入了一片
火海之中。儘管當時消防隊調來了所有的消防車，依然無法阻止熊熊大火
的蔓延。正當眾人為愛迪生一輩子的成果將毀於一旦而感傷的時候，愛
迪生卻吩咐兒子：快，快把你的母親叫來！」兒子不解的問：「火勢已不
可收拾，就是把全市的人都叫來亦無濟於事了，何必還要多此一舉呢？」
沒想到愛迪生卻輕鬆的說：「快讓你的母親來欣賞這百年難得一遇的超級
大火！」

妻子趕來了，當她看到愛迪生正以微笑來迎接她時，她有些不解的
說：「你的一切都將化成灰燼了，怎麼還能笑得出來？」

愛迪生回答說：「不，親愛的，大火燒掉的是我過去所有的錯誤！我

將在這片土地上建一座更完善、更先進的實驗室和工廠。」

這是何其曠達的心境！在災難面前，愛迪生的心態令人讚賞！

其實，為失去的東西悲傷是非常愚蠢的行為。你就是為失去的一切毀滅了自己，又有什麼用呢？只有那些懷著一份曠達心境的人，才不會沉湎於自己曾經的擁有，而是懷著對未來無限的希望重新開始更加美好的創造。也許我們許多人都曾經為了失去的金錢、工作、地位、愛情等而傷心啜泣過，但你要相信，在未來的歲月裡，一定還會有一份更加美好的禮物在等待著你。失去的東西只能成為你人生經歷的一部分，只有現在和未來才是你真實的生活。

樂觀的人對一些繁雜的事情總是很看得開，他們認為：人生在世，不如意的事情十有八九，無論付出多大代價也是徒勞，什麼也帶不走。所以他們對事物的心態就是：人生在世不快樂白不快樂，不管從事什麼職業，也不管曾經取得過多麼輝煌的成就，都會不驕不躁，泰然處之，從不會使自己成為一個故步自封、自以為是的人。

為了在生活中培養樂觀的心態，可以嘗試下面的方式：

(1) 盯住積極的一面。

一個裝了半杯酒的酒杯，是盯著那香醇的下半杯，還是盯著那空空的上半杯？從窗外望去是看到了黃色的泥土還是滿天的星星？以不同的心態去看待身邊的事物，就會獲得不同的效果。

(2) 與樂觀主義交朋友。

最不足以交往的朋友，是那些悲觀主義者和一些只會取笑他人的男人。最好的朋友，應該是把「沒有什麼大不了」掛在嘴上的人。因為可以

從他身上學到積極的思想和情緒。

（3）相比那些更悲慘的人。

當情緒低落時，不妨去訪問孤兒院、養老院、醫院，看看世界上除了自己的痛苦之外還有多少不幸。如果情緒仍不能平靜，就積極的去和這些人接觸；和孩子們一起散步遊戲，把低落的情緒轉移到幫助別人身上，並重建立起信心。通常只要改變環境就能改變心態和感情。

（4）聽聽愉快、鼓舞人的音樂。

不要去看早上的電視新聞，要看看與職業及家庭生活有關的當地新聞。不要向誘惑屈服，不要浪費時間去閱讀別人悲慘人生的詳細新聞。在開車上學或上班途中聽聽電台的音樂或音樂帶。如果可能的話和一位積極心態者共進早餐或午餐。晚上不要把時間浪費在電視機上，要用來和你所愛的人談談天。

（5）改變習慣用語。

不要說「我真累壞了」，而要說「忙了一天，現在心情真輕鬆」；不要說「他們怎麼不想想辦法」，而要說「我知道該怎麼辦」；不要在公司抱怨不休，而要試著去讚揚某個同事；不要說「為什麼這事偏偏找上我」，而要說「這是上帝在考驗我」；不要說「這個世界亂七八糟」，而要說「我要先把自己家裡弄好」。

（6）向龍蝦學習。

龍蝦在某個成長的階段裡，會自行脫掉外面那層具有保護作用的硬殼因而會容易受到敵人的傷害。這種情形將一直持續到龍蝦長出新的外殼為

止。生活中的變化是很正常的，每一次發生變化總會遭遇到陌生及預料不到的意外事件。不要躲起來使自己變得更懦弱。相反要敢於去應付危險的狀況；對未曾經歷過的事情要樹立起信心來。

(7) 觀賞積極健康的影視節目。

觀看介紹自然美景、家庭健康以及文化活動的電視片；挑選電視節目及電影時，要根據品質與價值，而不是注意商業吸引力。

(8) 在幻想、思考以及談話中表現出健康的心態。

每天對自己做積極的自言自語，不要老是想著一些小毛病，像傷風、頭痛、刀傷、擦傷、抽筋、扭傷以及一些小外傷等。如果這些小毛病太過注意了，將會成為最好的朋友經常來「問候」你。一般腦中想些什麼，身體就會表現出來。

(9) 保持真摯的笑容。

人們常常是在迷失後才幡然醒悟樂觀心態的重要性。悲觀的情緒就如一劑有癮性的毒藥，慢慢的發作毒性，從剛開始毒化思想、心靈到後來毒化頭腦和行動。也會使笑容發生轉變，從剛開始的一日三笑到後來的麻木而笑。而如果將之倒過來，即剛開始是麻木而笑到後來是一日三笑，這便是樂觀心態的一個明顯的特徵。笑是一味實用的良藥，笑可以化解一時的尷尬或窘迫，笑可以使一個原本憂鬱低沉的人輕快起來，一笑可以泯恩仇。而樂觀的心態就如一劑可以解百病的靈丹妙藥，可以使人百毒不侵、無堅不摧。

第 3 章 找對方法

不管事實有多麼的苦澀，仔細分析實際情況，然後作出決定，一旦你作了決定，就要全力實施它。千萬不要浪費任何時間去擔憂決定是否正確，設法把它做對就可以了！

—— 成功學大師卡內基

方法總比困難多

成功金言

在英文裡有句話，是說上帝每製造一個困難，就會同時製造三個解
決它的方法來。所以，世上只要有困難，就會有解決的方法。而且
「方法總比困難多」，只是你暫時沒有找到合適的方法而已。

水龍頭漏水，自然有解決的方法；自行車輪胎漏氣了，自然有解決的
方法；電視機的品質不好，自然有解決的方法；你銷售成績不好，自然有
解決的方法。同樣，你的收入不高，自然解決的方法；你的技能不夠
好，自然有解決的方法。問題是你怎樣去面對這一個又一個的困難，是怨
天尤人、怨老闆、怨同事、怨客戶、怨工作太難、怨報酬太低，還是積極
面對主動想辦法來解決這些困難。

愛迪生在發明電燈時，遇到過無數困難，但沒有放棄自己追求的目
標，他堅信總有辦法解決這無數困難，所以他一再堅持實驗，經過了一千
多次的逾越難關，終於發明了電燈。王永慶在早期賣米時，營業額一直上
不去，但他不氣餒，他堅信總有辦法，他主動送米上門，並記下每戶有多
少人口，這次送的米大概在多少天後會吃完，然後再去送。他還記下每戶
人家發薪資的時間，到時候去收米錢。

失敗者和成功者的距離，不僅展現在順境的時候，關鍵是展現在逆境
的時候。

失敗者在逆境中，看到的是自己身邊所有的「不」，總是不停的問天
問地問自己，為什麼，為什麼。

什麼事情都一樣，它的出現有的是必然的，有的是偶然的，總之，就

是上帝也無法阻止事情的發生。糟糕的事情發生了，你問一萬個為什麼也於事無補，哪怕你永遠的問下去。

失敗者在逆境中，多數會選擇放棄，退回他以前的生活環境中，或者回到他原來的老路上去。不為別的，只因為那裡安全，沒有風雨。因此，他的一生也不會有太大的改變。

成功者在逆境中，多數會選擇逆流而上，他們會在挫折和逆境中積極的尋找機遇。他們知道，上帝能給他們一個「不」，同樣會給他們一個「是」。而且那個夢寐以求的「是」，就在那個「不」的不遠處，只要他們去等待，去發現，去改變，就會找到那個驚喜。

成功者在逆境中的心態是積極的，樂觀的，把自己所有的精力都集中在如何克服困難上，而不做它想。他也知道，這個時候，想的越多，自己的麻煩就越多。

成功者在關鍵的時候，總是比失敗者多堅持三秒，多走半步。也就是這三秒，也就是這半步，形成了失敗者和成功者現實生活中的巨大反差。

普魯士國王率大軍與英格蘭軍隊激戰，結果被對方打得狼狽逃竄。鑽進一所隱蔽的老宅，國王灰心喪氣的往乾草上一躺，不由得陷入極度的悲哀之中。就在瀕臨絕望的時候，他看見一隻蜘蛛在那裡結網。為了轉移一下注意力，他揮手抹掉那個蜘蛛網。

然而這一人為的破壞，沒有動搖蜘蛛結網的意志。好像那倒楣的事根本就沒有發生過一樣，蜘蛛又忙碌起來，沒用多長時間就織好了另一張蜘蛛網。軍隊接連打了六次敗仗，國王已經準備放棄戰鬥，由此他把心自問：「假如我把蛛網破壞六次，不知這隻蜘蛛是否會放棄努力。」

一次又一次，國王接連毀掉了六張蛛網。那隻蜘蛛再一次出發，毫不

氣餒的又去織第七張網，並且如願以償的完成了。國王從這件事中獲得激勵，決心重整旗鼓，再次和英格蘭人決一死戰。經過極為縝密的準備，他重新聚集起一支軍隊，終於打贏了一場決定性的戰役，從英格蘭人手中奪回了失去的領土。

別人放棄，自己還在堅持，他人後退，自己照樣前進，看不到光明和希望，依然努力奮鬥，這種人往往是成功者。

希拉斯·菲爾德先生退休時已經存了一大筆錢，然而這時他又突發奇想，想在大西洋的海底鋪設一條連接歐洲和美國的海底電纜。

隨後，他就全身心的開始推動這項事業。前期基礎性工作包括建造一條一千六百公里長、從紐約到紐芬蘭聖約翰的電報線路。紐芬蘭六百四十四公里長的電纜線路要從人跡罕至的森林中穿過，所以，要完成這項工作不僅包括建一條電報線路，還包括建同樣長的一條公路。此外，還包括穿越布雷頓角全島共七百公里長的線路再加上鋪設跨越聖勞倫斯灣的電纜，整個工程十分浩大。

菲爾德使盡渾身解數，總算從英國政府那裡得到了資助。然而，他的方案在議會遭到強烈的反對。隨後，菲爾德的鋪設工作就開始了。電纜一頭擱在停泊於塞巴托波爾港的英國旗艦「阿伽門農」號上，另一頭放在美國海軍新造的豪華護衛艦「尼亞加拉」號上；不過，就在電纜鋪設到八公里的時候，它突然被捲到了機器裡面，弄斷了。

菲爾德不灰心，進行了第二次試驗。在這次試驗中，在電纜鋪好三百多公里長的時候，電流突然中斷了，船上的人們在船板上焦急的踱來踱去，好像死神就要降臨一樣，就在菲爾德先生即將命令割斷電纜、放棄這次試驗時，電流突然又神奇的出現了，一如它神奇的消失一樣。夜間，船

以每小時六公里的速度緩緩航行，電纜的鋪設也以每小時六公里的速度進行。這時，輪船突然發生一次嚴重傾斜，制動器緊急制動，不巧又割斷了電纜。

但菲爾德並不是一個容易放棄的人。他又訂購了一千多公里的電纜，而且還聘請了一位專家，請他設計一台更好的機器，以完成這麼長的鋪設任務。後來，英美兩國的發明天才聯手才把機器趕製出來。最終，兩艘船繼續航行，一艘駛向愛爾蘭，另一艘駛向紐芬蘭，結果它們都把電纜用完了。兩船分開不到二十公里，電纜又斷線了；再次接上後，兩船繼續航行，到了相隔十三公里的時候，電流又沒有了。電纜第三次接上後，鋪了三百多公里，在距離「阿加曼農」號六公尺處又斷線了，兩艘船最後不得不返回到愛爾蘭海岸。

參與此事的很多人一個個都泄了氣，大眾輿論也對此流露出懷疑的態度，投資者也對這一專案沒有了信心，不願再投資。這時候菲爾德先生，如果不是百折不撓的精神、不是他天才的說服力，這一項目很可能就此放棄了。菲爾德繼續為此日夜操勞，甚至到了廢寢忘食的地步，他決不甘心失敗。

於是，第三次嘗試又開始了。這次總算一切順利，全部電纜鋪設完畢，而沒有任何中斷，鋪設的消息也透過這條漫長的海底電纜發送了出去，一切似乎就要大功告成了，但突然電流又中斷了。

好一個菲爾德，所有這一切困難都沒嚇倒他。他又組建一個新公司，繼續從事這項工作，而且製造出了一種性能遠優於普通電纜的新型電纜。西元一八六六年七月十三日，新一次試驗又開始了，並順利接通，發出了第一份橫跨大西洋的電報！電報內容是：「七月二十七日，我們晚上九點

達到目的的,一切順利。感謝上帝!電纜都鋪好了,運行完全正常。希拉斯‧菲爾德。」

命運全在搏擊,堅持就是希望。對於意志堅強的人,只要咬緊牙關,任何困難哪怕是死神都不會懼怕。

有條理有秩序的做事

> **成功金言**
>
> 今天的世界是思想家、企劃家的世界。唯有那些做事有秩序、有條理的人,才會成功。而那種頭腦昏亂,做事沒有秩序、沒有條理的人,成功永遠都和他擦肩而過。

培根有這麼一句話:敏捷而有效率的工作,就要善於安排工作的順序,分配時間和選擇要點。只是要注意這種分配不可過於細密瑣碎,善於選擇要點就意味著節約時間,而不得要領的瞎忙等於亂放空炮。

一位企業家曾談起了他遇到的兩種人。

有個性急的人,不管你在什麼時候遇見他,他都表現得冒冒失失的樣子。如果要同他談話,他只能拿出數秒鐘的時間,時間長一點,他會伸手把表看了再看,暗示著他的時間很緊張。他公司的業務做得雖然很大,但是開銷更大。究其原因,主要是他在工作安排上七顛八倒,毫無秩序。他做起事來,也常為雜亂的東西所阻礙。結果,他的事務是一團糟,他的辦公桌簡直就是一個垃圾堆。他經常很忙碌,從來沒有時間來整理自己的東西,即便有時間,他也不知道怎樣去整理、安放。

　　另外有一個人，與上述那個人恰恰相反。他從來不顯出忙碌的樣子，做事非常鎮靜，總是很平靜祥和。別人不論有什麼難事和他商談，他總是彬彬有禮。在他的公司裡，所有員工都寂靜無聲的埋頭苦幹，各樣東西放得也有條不紊，各種事務也安排得恰到好處。他每晚都要整理自己的辦公桌，對於重要的信件立即就回覆，並且把信件整理得井井有條。所以，儘管他經營的規模要大過前述商人，但別人從外表上總看不出他有一絲一毫慌亂。他做起事來樣樣辦理得清清楚楚，他那富有條理、講求秩序的作風，影響到他的全公司。於是，他的每一個員工，做起事來也都極有秩序，一片生機盎然之象。

　　你工作有秩序，處理事務有條有理，在辦公室裡決不會浪費時間，不會擾亂自己的神志，做事效率也極高。從這個角度來看，你的時間也一定很充足，你的事業也必能依照預定的計畫去進行。

　　廚師用鍋煎魚不時翻動魚身，會使魚變得爛碎；相反的，如果只煎一面，不加翻動，將黏住鍋底或者燒焦。

　　最好的辦法是在適當的時候，搖動鍋子，或用鏟子輕輕翻動，待魚全部煎熟，再起鍋。

　　不僅是烹調需要祕訣，就是做一切事都得如此。當準備工作完成，進行實際工作時，只需做適度的更正，其餘的應該讓它有條不紊、順其自然的發展下去。

　　人的能力有限，無法超越某些限度，如果能對準備工作盡量做到慎重研究、檢討的地步，至少可以將能力作更大的發揮。

　　有一個商人，在小鎮上做了十幾年的生意，到後來，他竟然失敗了。當一位債主跑來向他要債的時候，這位可憐的商人正在思考他失敗

的原因。

　　商人問債主：「我為什麼會失敗呢？難道是我對顧客不熱情、不客氣嗎？」

　　債主說：「也許事情並沒有你想像得那麼可怕，你不是還有許多資產嗎？你完全可以再從頭做起！」

　　「什麼？再從頭做起？」商人有些生氣。

　　「是的，你應該把你目前經營的情況列在一張資產負債表上，好好清算一下，然後再從頭做起。」債主好意勸道。

　　「你的意思是要我把所有的資產和負債專案詳細核算一下，列出一張表格嗎？是要把門面、地板、桌椅、櫥櫃、窗戶都重新洗刷、油漆一下，重新開張嗎？」商人有些納悶。

　　「是的，你現在最需要的就是按你的計畫去做事。」債主堅定的說道。

　　「事實上，這些事情我早在十五年前就想做了，但是一直沒有去做。也許你說的是對的。」商人喃喃自語道。後來，他確實按債主的主意去做了，在晚年的時候，他的生意成功了！

　　做事沒有計畫、沒有條理的人，無論從事哪一行都不可能取得成績。一個在商界頗有名氣的經紀人把「做事沒有條理」列為許多公司失敗的一個重要原因。

如果不事先計劃，失敗便已經被計劃好了

成功金言

如果你不制訂好做事的計畫，在「做事」時候遇到的失敗便是被計畫好的；如果你不很好的計畫你的人生，你的人生的失敗也是被「計畫」好的！這是許多人雖然受過良好教育，但一生成績不大的原因之一。

凡事要有計畫，這些計畫要寫在紙上，不要只是在腦子裡想。要從現實出發，利用現有的資源、技能來計畫每件事。

這個方法聽起來簡單，但往往被多數人所忽視。在實踐中並沒有按照這個方法來做事。

計畫是指在做事之前從總體上來考慮這件事應達到的目標，應付出的代價，所需要的各種資源，如人脈關係、本人具有的能力、經驗、資金等，還包括在辦一件事之前必須提前準備好的做事的各個程序和詳細步驟。

做事之前一定要有計畫，而且要詳盡，一定要寫在紙上，才能達到事半功倍的效果。我們在生活中，經常看到兩種人，一種人是整天忙忙碌碌，一天到晚滿頭大汗的做事，他們甚至會忙得沒時間洗臉，沒時間把頭髮梳理整齊，衣服穿得亂七八糟，吃飯也沒時間，也沒時間陪伴孩子和妻子，但他的成就卻不大。

另一種人也很忙碌，但做事有章有法，有節奏。無論什麼時候你見到他，你都能看到他衣著整齊乾淨，甚至會有一些時間喝茶，陪孩子玩遊戲，但他的業績卻是驚人的。這兩種人的區別就在於做事之前有沒有很好

的計畫。

計畫是實現目標的唯一手段。所謂「一等人計畫明天的事，二等人處理現在的事，三等人解決昨天的事」，養成事前計畫的習慣，確實是所有出色人士的共同特色。在企業界有這樣一句名言：在計畫上多花一分鐘，執行時便可節省十分鐘。這句話適用於每個人，事前良好的計畫，加上養成按照計畫執行的紀律，通常可以在最短的時間內完成目標，因此可以說計畫是實現目標最重要的工具。

人的一生需要一個整體計畫，人生中的每一階段也需要各個具體計畫。如果你能做到計畫一生，那麼，你必將成功一生。

有目標，人生才不會盲目；有追求，人生才會有動力；有計畫，人生才會與成功有約。人的一生需要一個整體計畫，人生中的每一階段也需要各個具體計畫。如果你能做到計畫一生，那麼你必將成功一生。

臨近中學畢業之際，比爾・拉福就立志經商。他的父親是洛克菲勒集團的一名高級主管人員，在商界摔打了很多年，對經商事務瞭若指掌，深諳其中奧妙。

父親的薰陶使年少的拉福也一心渴望做一位生意人。他的父親也已經發現兒子有商業天賦，機敏果斷，勇於創新；但同時也感到兒子受的磨練太少，沒有知識，更缺乏經驗。

於是，拉福父子進行了一次長談，共同制訂計畫，描繪人生的藍圖。

拉福聽從了父親的勸告，升大學時並沒有直接去讀貿易專業，而是選了工科中最基礎、最普通的專業 —— 機械製造。這招棋很絕妙，因為做商業貿易的人必須具備一定的專業知識，在貿易中，工業商品占據了絕大多數，如果不了解產品的性質和生產製造的情況，就很難保證做貿易業務

能取得成功。而且，工科學習不僅能夠培養知識技能，還有助於使人建立起一套嚴謹求實的思維體系，訓練人的分析、推理能力，使人對工作具有一種腳踏實地的態度。

就這樣，比爾‧拉福在麻省理工學院度過了四年大學。當然，他並沒有局限於學習本專業知識，還廣泛接觸對經營商業貿易很有用的其他課程。

大學畢業後，拉福沒有立即投入商海，而是按照原先的計畫，開始攻讀經濟學的碩士學位。在芝加哥大學為期三年的經濟課程學習期間，他掌握了經濟學的基本知識，深入了解了經濟規律，並特意認真學習了經濟法律。與此同時，他沒有把主要精力用來研究理論經濟學課程，而是側重於學習個體經濟活動及管理知識，尤其對財務管理較為精通。

這樣，幾年下來，拉福就在知識方面完全具備了經商素養。

令人意外的是，拉福在拿到碩士學位後，居然沒有立即投入商海，而是做了國家公務員，去政府工作。他為什麼會作出這種「意外」的選擇呢？

原來，他的父親 —— 那位老謀深算的商業活動家深知，經商必須具有很強的社會交往能力，人際關係在商業活動中異常重要；要想在商業上獲得成功，就必須充分了解人的心理特徵，熟悉處世規則，善於與人交往，給人留下良好印象，使人信任自己、願意與自己進行合作。這些能力，在任何學校裡都是學不到的，只有在社會上、在工作中才能鍛鍊出來，而鍛鍊的最佳去處就是政府部門。在複雜的政府部門裡，為人處世都要格外小心謹慎。

拉福在政府部門一做就是五年，其間他從一個稚嫩的熱血青年成長為

一名世故、老成、圓滑、不動聲色的公務員，並結識了一大批各界人士，建立起屬於自己的一套關係網路。

五年的政府工作結束後，拉福已經具備了成功商人所需的各種條件，羽翼逐漸豐滿。於是，他決定辭職，去了父親為他引薦的通用公司熟悉業務。

此後，過了兩年，拉福熟練掌握了商業運作技巧，成績斐然。這時候，他不願再耽誤更多時間，婉言謝絕了通用公司高薪挽留，跳出來自創了拉福商貿公司，開始了夢寐以求的商業計畫。

由於拉福的準備工作太充分了，所以他的生意進展堪稱神速。二十年後，拉福公司的資產從最初的二十萬美元發展到二億美元；拉福本人也躋身於受人尊敬的成功商人之列。

一九九四年十月，拉福他談起了自己的經歷。他認為，自己的成功應感謝父親的指導，正是因為父親幫他計畫、設計了一個重要的人生規劃方案，才使他最終功成名就，一生無憂。

根據拉福的述說，這個人生方案的計畫軌跡，工科學習，工學學士 —— 經濟學學習，經濟學碩士政府部門工作，鍛鍊處世能力，熟悉並建立人際關係 —— 大公司工作，熟悉商業環境 —— 獨立創辦公司，開展經營業務 —— 發展事業，創造財富。

這個人生方案計畫的成功之處在於：脈絡清晰，步驟合理，充分考慮了個人興趣、個人素養，著重突出了職業技能的培養。有了這個方案，加上拉福的堅持不懈的努力，他人生的成功就變得順理成章了。

有這樣一句發人深省的話：你今天站在哪裡並不重要，但是你下一步邁向哪裡卻很重要。當人們站在十字路口茫然不知所措的時候，多麼希望

有人來指點迷津；當人們舉棋不定、環顧左右而難以決斷的時候，多麼希望有人來助上一臂之力。

正確、合理、行之有效的計畫部署就是這樣一個超人，能夠將前進路上的風險減到最低限度。

有這樣一個關於四隻蟲子的故事：

蟲子都喜歡吃蘋果，這天，有四隻非常要好的蟲子一起去森林裡找蘋果吃。

第一隻蟲子跋山涉水，終於來到一棵蘋果樹下。牠根本就不知道這是一棵蘋果樹，當然也不知道樹上長滿了紅紅可口的東西就是蘋果。於是，當牠看到其他蟲子往上爬時，自己也就稀裡糊塗的跟著往上爬。沒有目的，也沒有終點，更不知自己到底想要哪一種蘋果，也沒想過怎樣去摘取蘋果。牠的最後結局呢？也許找到了一個大蘋果，幸福的生活著；也可能在樹葉中迷了路，過著悲慘的生活。不過可以確定的是，大部分蟲子都是這樣活著的，沒想過什麼是生命的意義，為什麼而活著。

第二隻蟲子也爬到了蘋果樹下。牠知道這是一棵蘋果樹，也確定牠的「蟲」生目標就是找到一個大蘋果。但牠並不知道大蘋果會長在什麼地方？牠猜想：大蘋果應該長在大枝葉上。於是牠就慢慢的往上爬，遇到分枝的時候，就選擇較粗的樹枝繼續爬。於是牠就按照這個標準一直往上爬，最後終於找到了一個大蘋果。這隻蟲子剛想高興的撲上去大吃一頓，但是放眼一看，牠發現這個大蘋果是全樹上最小的一個，上面還有許多更大的蘋果。更令牠洩氣的是，要是牠上一次選擇另外一個分枝，牠就能得到一個大得多的蘋果。

第三隻蟲子同樣到了一棵蘋果樹下。這隻蟲子知道自己想要的就是大

蘋果,並且研發了一副望遠鏡。還沒開始爬時就利用望遠鏡搜尋了一番,找到了一個很大的蘋果。同時,牠發現當從下往上找路時,會遇到很多分支,有各種不同的爬法;但若從上往下找路時,卻只有一種爬法。牠很細心的從蘋果的位置,由上往下反推至目前所處的位置,記下這條確定的路徑。於是,牠開始往上爬了,當遇到分支時,牠一點也不慌張,因為牠知道該往哪條路走,而不必跟著一大堆蟲去擠破頭。比如說,如果牠的目標是一個名叫「教授」的蘋果,那應該爬「深造」這條路;如果目標是「老闆」,那應該爬「創業」這分支。最後,這隻蟲子應該會有一個很好的結局,因為牠已經有自己的計畫。但是真實的情況往往是,因為蟲子的爬行相當緩慢,當牠抵達時,蘋果不是被別的蟲子捷足先登,就是蘋果已熟透而爛掉了。

第四隻蟲子可不是一隻普通的蟲,做事有自己的規劃。牠知道自己要什麼蘋果,也知道蘋果怎麼長大。因此當牠帶著望遠鏡觀察蘋果時,牠的目標並不是一個大蘋果,而是一朵含苞待放的蘋果花。牠計算著自己的行程,估計當牠到達的時候,這朵花正好長成一個成熟的大蘋果,牠就能得到自己滿意的蘋果。結果牠如願以償,得到了一個又大又甜的蘋果,從此過著幸福快樂的日子。

從這四隻蟲子吃蘋果的經歷,不難得出結論。第一隻蟲子是隻毫無目標、一生盲目、沒有自己人生計畫的糊塗蟲,不知道自己想要什麼。遺憾的是,很多人都像第一隻蟲子那樣活著。

第二隻蟲子雖然知道自己想要什麼,但是牠不知道該怎麼去得到蘋果,在習慣中的正確標準指導下,牠做出了一些看似正確卻使牠漸漸遠離蘋果的選擇。而曾幾何時,正確的選擇離牠又是那麼接近。

第三隻蟲子有非常清晰的人生計畫，也總是能做出正確的選擇，但是，牠的目標過於遠大，而自己的行動過於緩慢，成功對牠來說已經是明日黃花。機會、成功不等人。同樣，人生也極其有限，必須認真把握，而單憑個人的力量，也許一生勤奮，也未必能找到自己的蘋果。如果制定一個適合自己的計畫，並且充分借助外界的力量，借助許許多多類似於「望遠鏡」之類的人，那麼，人生的「蘋果」也許會好吃得多。

第四隻蟲子，牠不僅知道自己想要什麼，也知道如何得到自己的蘋果以及得到蘋果應該需要什麼條件，然後制定清晰實際的計畫，在望遠鏡的指引下，牠一步步實現了自己的理想。

其實，人生就是蟲子，而蘋果就是人生目標，爬樹的過程就是奔赴人生目標的道路。

有這麼一句名言：出色人生的關鍵在於預算你的時間和資源。許多出色、成功的人士能夠出色、成功的重要原因就是好好利用了工作的三分之一，甚至經常把另外三分之二的時間也利用起來。人生就是利用個人的時間和資源來謀求出色的一生。

現代社會，計畫決定命運。有什麼樣的計畫就有什麼樣的人生。時間非常有限，越早計畫自己的人生，就能越早出色。要想得到自己喜歡的蘋果，想改變自己的人生，就要先從改變自己開始，做好自己的人生計畫，做吃到蘋果的第四隻蟲子。

明年會有什麼樣的事情發生

審時度勢，是一個真正成功者的基本素養。不論什麼事情，都不會悄然而至，都會存在一些或者一點徵兆。今天的豬肉漲價是今天的事情嗎？絕對不是，在前幾年就已經註定了。豬肉價格低，到了誰養豬誰賠錢的地步，還有誰願意去養豬？沒人養豬豬自然會少，豬少了豬肉不漲價倒是一件怪事。

很多農民看到今天豬肉那麼貴，都會說早知道這樣，去年養豬就好了，哎！眼看著白花花的銀子賺不到手，急！吃肉的人看到肉價一天天的飆漲，才想到欠養豬的人太多了，也急！還是那句話，早知如此，何必當初呢？

一些事情應該是提前預料到的。可是一個連想都不願意去想的人，怎麼能讓他料到呢？看來要像洛克菲勒那麼發財，首先得學會他的關注：關注身邊的人，關注身邊的事，關注身邊任何一點點的絲足馬跡，並學會準確判斷。

成功者發財靠什麼呢？不外乎一個公式：判斷＋魄力＋馬上行動＝財富。機會屬於會判斷的人，屬於有準備的人，屬於有魄力的人。

判斷來自思考。連想都不願意去想的人，肯定不是思考的人。沒有正確的思考就沒有正確的判斷。對明天沒有準確判斷的人，只能是買票的看

客，而不會是表演者。

松下的「松下電器製作所」，在一九三五年十二月更名為「松下電器產業株式會社」，原來獨立核算的事業部也變成了相對的獨立公司，過去由個人經營管理的機制也轉變成了法人組織管理，松下本人由原來的所長晉升為社長，管理著下屬十個分公司。松下之所以進行這樣的改革，目的就是要化整為零，將龐大的機構進行濃縮，使得各個分公司各司其職，明確自己的任務是什麼，調動其工作的積極性和主動性，增強其自主意識。

而與此同時，松下還提出了七個精神：產業報國精神，光明正大精神，友好一致精神，力爭向上精神，順應同化精神，感謝報恩精神，禮貌謙讓精神。松下要求全體松下員工必須遵守這七個精神，目的就是將松下電器企業的優良傳統和作風保持下來，使分公司的經營風格和方針路線保持協調一致。

松下幸之助認識到，只有在大方向上把握住全域，使七大精神深入到每一個員工心中，他們才能有一股動力，有精神上的支柱，也只有這樣，公司和個人才能更嚴格的要求自己不斷的向更高的目標邁進，有更大的發展和進步。

松下幸之助對松下企業內部的機構改革，牢牢的建立了自己的統治基礎，同時也加強了其內部的團結和凝聚力。做到了這一點，為松下能夠創造出更大的輝煌也打下了良好的鋪墊。

松下是一個有先見之明的人，他之所以有先見之明，是源於他勤於思考，喜歡對各種事物、情況進行預測、推想和分析，然後得出結論，知道在眼前或是未來即將發生什麼。松下清楚這些以後，他就不會停留在認識的表層，他會積極的付諸行動去做，並且主動超前規劃，所以他總是比別

人先邁出一步，同時也比別人更早獲得成功。松下電器企業從最初的家庭作坊一躍成為跨國際的企業集團，基本上靠的就是這一點。下面我們來看一看，松下是如何決定轉產馬達生產製造的。

一九三〇年代末期，家電熱在全世界範圍內悄然興起，但還處在一個隱蔽階段。松下憑著自己敏銳的直覺，嗅出了這一潛藏的商機，意識到在不久的將來，必然會有一場家庭革命運動，家電熱衝擊每一個家庭，而這其中家電動力則是一個至關重要的決定性因素。

於是，在一九三八年，松下幸之助非常果斷的成立了一個松下電動機公司，專門生產馬達。松下原來所從事的家電生產按其分類是屬於輕工業的，而馬達生產則屬於重工業，松下從一個熟悉的領域邁進了另外一個陌生的領域，令很多人百思不得其解。有人甚至提出了質疑，問松下是否由於家電行業前景暗淡，轉而投資其他產業，以謀發展。但松下的想法和目的卻又與之截然不同，聽一聽他在記者招待會上對記者的回答吧！他說：「轉產馬達，並非說明家電業前景暗淡，而是為其蓬勃發展做準備。諸位家庭也許還未使用小馬達，但有的家庭已經使用，如電風扇、小型水泵等。再過幾年，你們就可能看到，我們的食衣住行都必然會借助某種動力，美國家庭中使用的馬達已由一台增至十幾台，日本很快也會如此。只要一按電鈕，一切都會動起來的時代不久就會到來了。」

松下的話雖然很有道理，能夠讓一部分人信服，但卻還有另外一部分人持著半信半疑的態度。可是，不管他人的態度如何，最後事實證明松下的敏銳洞察力和科學遠見的正確無誤。第二次世界大戰結束以後，家電熱襲捲全球，而馬達作為家電的心臟，更顯得供不應求。一九五〇年代初期，松下電動機公司的門真馬達廠日產量就達到了五萬台。

松下針對社會發展趨勢，審時度勢，及時的做出企業發展的調整，轉產馬達，牢牢的把握住了市場。在家電熱來臨之際，不僅在打下了堅實穩固的基礎，就是在國際市場上也擁有了一定的知名度。

松下電器公司要走向國際了，這是一次難得的機遇，但與此同時，也面臨著更大更多的挑戰。松下意識到如果企業還走以前的老路子，不一定能在國際市場上長久的立足，所以必須要吸收一些新的經驗和方法，融入到其中，使它更趨於完善，這樣才可能獲得更大的成功。於是在一九五一年一月八日，作為松下電器走向世界的象徵，松下幸之助首次出訪美國。

在當時，美國與日本投入電氣產品生產所需的原材料基本是相同的，而購買原材料所付的資金及製成品的售出價格也都相差無幾，但美國工廠的工人卻是日本工人薪資的十倍有餘。美國公司為什麼可以獲利，而日本公司卻虧損，這其中存在的原因是什麼？這就是松下訪美的最大的目的，他希望能夠得到一個滿意的答案。

美國對日本具有多大的市場價值，在經營方法、設備、資金和技術方面，哪些是值得自己借鑒和學習，美國之所以如此強大靠的是什麼，美國企業之所以興旺發達靠的又是什麼？這些都是松下急待想要得到解決的問題。

一個月的訪美時間，對松下而言，真是獲益匪淺。他找到了自己想要的答案，其實不外乎兩個原因：一是體制的民主化，二是企業的科技化。松下相信，如果能將這些先進的思想經營理念，融入到自己的企業管理當中，肯定也會收到不錯的效果。

想到哪裡，做到哪裡，松下從美國回到日本，就馬上將取到的真經付諸行動，進行又一次改革。雖然這其中存在著許多的障礙和困難，但把這

些都一一掃清以後，觀其後效，與想像中的相差無幾。狹小的日本市場已經無法滿足松下電器企業的高速發展了，松下集團到了開始真正走向世界的時代。

松下經過五十多年的艱苦奮鬥，創造了輝煌的業績，使自己的企業成為以生產電子產品為主的國際性的龐大的企業集團。到一九九〇年的時候，公司員工已達十九萬人，資產一百九十七億美元，在世界五百強中名列第十七位，松下本人連續十年榮登「日本最高納稅人」榜單的榜首。

松下幸之助被人譽為是日本的「經營之神」，對於這個稱謂，它不只是一個虛名，用在松下身上，是當之無愧的。無論是腦袋還是口袋，松下都是富有的，他是人們眼中徹徹底底真真正正的成功者。

一個只讀了小學四年級的人，一個從九歲就開始謀生的人，一個靠幾十元起家的人，最後成為商界航母的掌舵人，成為萬人景仰的成功者，是神話，又不是神話。

不論是窮人和成功者，誰都可以開一間三坪的小鋪子，但只有真正的成功者，才能依靠自己的聰明和智慧，把小鋪子變成世人皆知的大企業，他的企業會影響到世界上的每一個人。

作為每一個想成為真正成功者的人，我們不僅僅關注成功者的口袋，而是更應該關注他的腦袋，特別是成功者口袋還沒有鼓起來時的腦袋，看看他都往自己的腦袋裡裝了些什麼東西。

現在市面的東西很多很多，有很多東西對我們充滿著難以拒絕的誘惑，有的東西看上去很好，有的東西看上去很有用，但是那些不是使我們成為真正成功者的東西。

我們一定分清楚有錢人和成功者的區別，做一個一時的有錢人很容

易，但做一個真正的成功者並沒有那麼簡單。有錢人不一定有一個富腦袋，可能有一個富口袋。但是要記住，沒有富腦袋支配的富口袋，總有一天會變成窮口袋的。

找到自己的「天賦」

成功金言

知人者智，自知者明。所以每個人都要學會發現自己的長處，選準自己的目標，開拓自己的潛能，發揮自己的優勢，這樣才能找到發展自己的道路，創造美好的財富藍圖。

一個人事業成功與否，在基本上取決於自己能不能揚長避短，能不能找對適合自己發揮的行業，能不能善於經營自己的長處。也就是人們常說的「找對魚池釣大魚」。

造物主創造了我們人類，創造了我們每一個不同的自己，所以，我們每一個人的身體狀況、智慧結構、心理特點，以及我們的左右半腦的發達程度，都不完全相同。正如河灘上沒有兩塊完全相同的石頭一樣，世界上也沒有兩個完全相同的人。所以，認識自己，尋找自己的長處，是每個人開始創業之前，首先要做的一項重要工作。

人的才能是多方面的，有強有弱，正如人的五指，有長有短。只有先發現長處，才能揚優成勢，找到發揮自己優勢的最佳位置。美國國際商業機器總經理之子湯瑪斯·華生，小時是個功課差的學生，和他聲名顯赫的父親相比，他簡直是個低能兒。在讀公司商業學校時，各科學業全靠一名

家教的鼎力相助才勉強過關。後來他開始學飛行，卻意外發現駕駛飛機對他來說竟是那樣得心應手，有種如魚得水的感覺，這使他對自己的信心倍增。第二次世界大戰時，他當上了一名空軍軍官。這段經歷使他意識到自己「有一個富有條理的大腦，能抓住主要東西，並能把它準確的傳達給別人」。華生最終繼承父業成為公司總經理，使公司迅速跨入了電腦時代，並使年盈利率在十五年裡成長了十倍。

「尺有所短，寸有所長」，每個人都有自己的長處。誰能經營自己長處，誰就會給自己的生命增值；反之，如果經營自己的短處，就會使自己的人生貶值。「條條道路通羅馬」，「此門不開開別門」。世界上的工作千萬種，對人的要求各不相同，做不了這個可以做那個，總可以找到自己的發展天地。在生活中，學歷不高、經驗缺乏、沒有職稱，甚至身有殘疾，都不是成長的障礙。只要善於發掘自己的潛力，發揮自己的優勢，經營自己的長處，才能發展自己的道路，創造美好的人生。

美國希爾頓國際飯店集團的創業者、聞名遐邇的企業家唐陶德‧希爾頓，喜歡給人講述這麼一個故事：一個窮困潦倒的希臘年輕人到雅典一家銀行去應聘一個守衛的工作，由於他除了自己名字之外什麼都不會寫，自然沒有得到那份工作。失望之餘，他借錢渡海去了美國，許多年後，一位希臘大企業家在華爾街的豪華辦公室舉行記者招待會。會上，一位記者提出要他寫一本回憶錄，這位企業家回答：「這不可能，因為我根本不會寫字。」所有在場的記者都甚為吃驚，這位企業家接著說：「萬事有得必有失，如果我會寫字，那麼我今天仍然只是一個守衛而已。」

經營好自己的長處，要有壯士斷腕的勇氣和自信。比爾‧蓋茲為了圓創業夢，敢於放棄哈佛大學的學業。照常人的眼光來看，這實在是很不明

智的。如果沒有最初的勇氣和自信，今天的世界首富可能就是別人了。

有個年輕人當年留學日本，是抱著學好醫術、成為一個好醫生的願望，因為他從其父親病死的過程中，痛感家鄉庸醫太多，良醫太少。當時他的家境已中落，花了很大的代價才得以出國，在學業有成很快就要畢業的情況下，他卻棄醫從文，而他犀利的筆觸又為當時的統治者所不容，隨時都有生命危險。如果年輕人當時稍有搖擺，就不會成為一代文學大師，更不會有如此大作流傳千古。

經營長處還要有遠大理想，要勇於拒絕眼前利益的誘惑。世上不乏創業有成的企業家，僅僅為了一官半職不惜退出商戰大潮，放棄自己的長處，最後成為一名庸官，隨時都有可能在機構改革中被淘汰；也有不少大學生因為貪圖安逸，放棄自己的專長和愛好，去競爭暫時不用奔波的辦公室工作，殊不知企業一旦效益崩塌，最先解聘的往往是那些最安逸的職位。

經營自己的長處，要始終保持熱情並充分的加以利用，才可能改變命運。楊振寧年輕時到美國留學，立志要寫一篇實驗物理論文，但後來他發現自己的動手能力不行，便在導師的勸告下，放棄實驗物理全面轉入理論物理的研究，這關鍵性的一步對他來講實在是非常重要。他在《讀書教學四十年》一文中不無幽默的寫道：「這是我今天不是一個實驗物理學家的道理，有的朋友說這恐怕是實驗物理學的幸運。」

揚長避短是成功的鑰匙。經營自己的長處，能給你的人生增值，經營自己的短處只會使你的人生貶值。有位哲人曾說：「寶貝放錯了地方便是廢物」，也是這個道理。所以，一個取得了成功的人，總是善於剖析自我、認識自我，懂得哪些特長是可以利用的，哪些缺點是需要迴避的。只

要使自己的特長得到充分的發揮，就會成為事業的推動力。

找到了你人生的天賦，你就可以在那裡扎根、發芽，直至長成一棵參天大樹，就因為你熱愛那裡的那片土地。

找到了你人生的天賦，你就可以在那裡挖掘出無窮無盡的寶藏，為社會、為人類、也為你自己提供更多更好的物質或精神的產品。因為這裡的礦藏，取之不盡，用之不竭。

找到了你人生的天賦，你就可以在那裡最大限度的發揮你自己，你的才能、你的智慧、你的體能、你的潛力，你在你自己的富礦上，寫一個大大的人，樹立一個頂天立地的人的形象。

人生最大的悲哀就是一生也找不到自己，找不到自己人生的天賦。越是貧瘠的土地上，越是容易生長出雜草。因而，找不到自己，找不到自己人生的天賦，是對生命的一種踐踏，對寶貴生命的一種浪費。而對於那個擁有生命的人來說，這也是最殘酷的事情！

所以，無論你現在從事著什麼樣的職業，或者學著什麼專業，你都需要好好的審視你自己，看看你究竟適合在什麼土地上生長；同時，你需要仔細的看一看你腳下的那片土地，看它是否適合你的生長；看看在這裡，你的人生是否能綻放出最美麗的花朵？

「跟對人」

成功金言

一個人的成功，不光只靠自己，還要靠團隊，靠團隊的領導人，靠在成功的路上有人與你同行。

　　某總裁說：「企業就是要發展一群狼，狼有三大特性，一是敏銳的嗅覺，二是不屈不撓、奮不顧身的進攻精神，三是群體奮鬥。」

　　俗話說「女怕嫁錯郎，男怕入錯行」。「選對行」，「跟對人」，是成功的關鍵。「選對行」就是要根據自己的能力、愛好和優勢選擇自己最擅長做的行業。「跟對人」則是選擇能對自己的事業發展有幫助、人生方向起好作用，有能力、有智慧、有狼子野心的領導。跟著這樣的領導一起打天下，方能顯現出真英雄之本色。

　　劉基是浙江處州府青田縣人，生於元武宗至大四年（西元一三一一年）。元惠宗至正二十年（西元一三六〇年）輔佐朱元璋，開始在政壇上嶄露頭角。朱元璋對他十分青睞。

　　少年得志的劉基，很想為元朝盡忠，做一番轟轟烈烈的事業。當時正處於元朝末期，官場腐敗，吏治不清，整個社會統治已是搖搖欲墜。但他並沒有感到獨木難支，而是積極投入政治活動。他以身作則，為官清正，時常與那些貪官汙吏作鬥爭。可是沒過多久，劉基碰了個滿鼻子灰。上任後不久，由於受人嫉恨而被排擠。又過了不久，他又因上當彈劾監察御史失職而得罪上司，被排擠回家。

　　官場失意對劉基的打擊是非常沉重的。不惑之年的他，本來以才自恃，總想透過效忠元朝來施展自己的才華和抱負，可是每次都是乘興而去，敗興而歸，根本沒人重視他的才華。無奈之餘，他只得隱居山林，寫詩作賦，抒發他懷才不遇、報國無門的憂鬱心情。

　　正當他報國無門之時，朱元璋領導的一支紅巾軍先後占領了諸暨、衢州和處州，隨後又拔除了東南一帶元軍的一些孤立據點，占領了浙東大部分地區，並極力網羅各地知識分子、知名人士，希望他們出來輔佐自己做

事業。在浙東早已聲名鵲起的劉基，自然列入了被邀請的名單。

此時的劉基已年過半百，他以為此生碌碌無為，再也指望不上什麼靠山了，一身的才幹也就要付之東流，又加之對朱元璋半信半疑，很不願意出山。經過朋友再三勸告，又考慮到身家性命，他才決定去應天府（今南京），對朱元璋進行觀察。

劉基到應天府之後，心情依然很憂鬱。朱元璋召見他那天，他懶懶散散的來到朱元璋的帥府，見朱元璋只是略略一拜。當朱元璋問他怎樣建立功業時，劉基隨機想出了治國十八策，說得朱元璋連連稱道，親自為劉基斟茶，繼續向他詢問有關創業的各方面的意見。朱元璋禮賢下士的態度使劉基那顆已經冰冷的心重新得到了溫暖。朱元璋為了籠絡像劉基這樣的文人，專門修建了一所禮賢館，對文人們給予特殊的待遇。而且每當聽到他們談論高深的政治見解時，便會心動、立即採納他們提出的正確意見。劉基覺得總算遇到了明主，便忠心耿耿的輔佐朱元璋，他決心利用自己的軍事才能，為朱元璋建立強大的軍事力量。

劉基也越來越受到朱元璋的器重。一天，朱元璋在自己房中設酒席款待劉基，請他分析當下局勢。朱元璋向他講明瞭當下局勢：當時，各路起義軍占領了元朝大部分地盤，其中勢力最強盛的是湖北的陳友諒和蘇州的張士誠。這兩個人為了擴大地盤，不斷騷擾朱元璋所占據的領地。朱元璋把大部分精力用於防備這兩個人的掠奪，搞得手忙腳亂。

劉基聽完朱元璋的陳述，微微一笑。他撫摸著鬍鬚，向朱元璋發問：「您可知道山中猛虎的故事？」朱元璋被問愣了，木訥的說：「您說的是什麼意思？」劉基莞爾一笑，緩緩的說道：「從前有一隻猛虎，整天在山林裡覓食，有兩隻狼也想占便宜，便和牠爭食。猛虎追那隻狼，這隻狼就來

吃牠的東西，再追這隻狼，那隻狼又吃牠的東西。猛虎白白獲得了很多美食，最後竟餓死在山中。

現在您就好像那隻猛虎，而陳、張二人就好像那兩隻惡狼。如果您想安安靜靜的獨坐天下，該怎麼辦呢？金陵地勢險要，但也不過是一隻肥兔；天下之大，才是可逐之鹿，若想威震天下，必先除去二狼，再北定中原。那時，您就可以面南背北占據四海，自立為帝了。」

朱元璋聽後，沉默了良久，對劉基說：「恐我不是猛虎，而張、陳乃猛虎耳。」劉基聽罷，一下子站立起來，朗聲說道：「主公此言差矣！張士誠齷齪，胸無大志，只求自保，不求進取，有什麼英雄氣概？可以暫且置之不理。陳友諒野心十足，欲望高，擁有精兵數十萬，巨艦幾百艘，地勢處我上游，經常虎視眈眈，總想侵吞我們，確有猛虎之勢，應該認真對付。然而他為人驕傲，自以為是，乃一勇之夫，做大將衝鋒陷陣還可以，卻不是成王霸業的材料。主公雖然如今勢力尚弱，但你胸懷大志，如能立志起兵，應先消滅陳友諒，次取張士誠，則如虎豹突起，聞者震撼，得天下有什麼難的！」一番話說得朱元璋熱血沸騰，豪興大發，他說：「若不是先生教我，我終不過餓死之虎耳！此乃天意，使先生助我！」

從此，朱元璋把劉基視為心腹，事無大小，都要同他商量。朱元璋稱呼劉基，只用先生而不呼其名以示尊重。這就更加增強了劉基報答知遇之恩的願望。

「識貨」的老闆，是我們一生中不可或缺的貴人，他能使我們迅速接近成功。只要我們練就一雙慧眼，找到「識貨」老闆，何愁自己沒有用武之地呢？

所以，跟對人才能做對事，跟對上司，跟對老闆，跟對領導這才是你

大展宏圖的第一步。

可是，如果你跟錯了人，選了不好的老闆，被老闆帶上歪路，那可就得不償失了。正所謂「不識貨半世苦，不識人一世苦」。誰是損友、誰是人物、誰是人才、誰是人渣，需要你擦亮雙眼看清才行。

選擇好的領導和團隊才能給你成功的希望與信心。戰鬥機雖具有很強的作戰能力，但是它卻不能脫離航空母艦，孫悟空雖有三頭六臂七十二變，但也是因為有了唐僧的指引，最終才能修成正果。

然而現實生活中，跟錯人做錯事的例子卻比比皆是。有的人生性適合做技術、搞研究，領導卻讓其做業務去，於是不善言辭的他們開始很費力的去做業務，每天都疲憊不堪，還沒有什麼業績。最後變得非常自卑和消沉，他們的本業也因為長期不用忘掉了。有些人本來很善良很高尚，可是因為經常跟品性不高的老闆在一起，卻學會了吃喝嫖賭抽，也學著老闆在外面養個小情人，結果被妻子發現，弄得人財兩空，家破人散。

由於跟錯了人的原因，使很多人都不知不覺的加入到失敗的行列。所以，要想從失敗走向成功，還需像劉基那樣，選對一個領導人，才能「與狼共舞」，大展英雄本色。

讓自己不可替代

> **成功金言**
>
> 打造一種核心競爭力，不管是一種情感也好，一種精神也好，或者一種品質、一種能力也好，都可以成為你的核心競爭力。擁有了核心競爭力，你才能競爭激烈的社會中立於不敗之地，遠離危機。

幾十年來，「核心競爭力」一詞已經成為職場人士經常談論的熱點概念，企業管理者強調企業要有自己的核心競爭力；企業員工也認為擁有核心競爭力是才有生存的本錢。一時間，核心競爭力成為了所有人關注的焦點。競爭力是成功的原因，核心競爭力則是持續成功的原因。

核心競爭力的成長是職業持續性發展的基礎。隨著年齡的成長和工作經驗的累積，有的職場人士保持著良好的發展勢態，有的卻越來越落伍，競爭力越來越弱。技術層面上，長江後浪推前浪，管理能力上，又沒能適時進行進修，因此警惕職場核心競爭力危機，是職場人士需要適時反省的問題。

通常上班族們總是感覺自己的能力的成長速度在減慢甚至停止，往往是職業危機的一個首要信號，對於三十歲以下的職場人來說，這就顯得尤為嚴重。因為在三十五歲前，職業核心競爭能力必須靠自己主動拚搏才能獲得。對於如何擺脫這個發生概率極高的問題，還是要透過職業規劃來客觀科學的解決，了解自己的長期發展目標，制定相應對策，就可以盡快走出這個職業冬天。

在我們生存的這個世界上，每個人都是獨一無二的。人各有長，人各有短。我們也沒有必要去要求自己和別人一樣，如果大家所掌握的知識都是一樣的，那麼這個世界就會處於停滯狀態。同時我們也沒有必要要求自己在所有領域都能精通，事實上，個人精力的有限也決定了這是不可能的。真正聰明的人，會根據自身的特點，挖掘自己身上具有而別人不具有或者很少人具有的能力。獨一無二的人往往就是最成功的人，那些所謂的天才，就是把自己的某種獨特性甚至是某種缺點發揮到極致的人。

其實在某種程度上說，尋找核心競爭力就是尋找差異，尋找自己身上

與別人不同的地方，尋找自己身上的個性。美國 MIT 多媒體實驗室主任尼葛洛龐蒂說：「我們在招聘時，如果有人大學畢業時考試成績全部是 A，我對他不感興趣；如果有人在大學考試中有很多 A，但間有兩個 D，我們才感興趣。因為往往在大學裡表現得很好的學生，與我們一起工作時，表現得並不那麼好。我們就是要找由於個性與眾不同，在大學學習時並不是很用功的那些人。這些人往往很有創造性，對事物很警覺，反應非常機敏。人才更多的是一種心態，是指與傳統思維完全不一樣的那種人。真正的人才不是看他學了多少知識，而是看他能不能承擔風險，不循規蹈矩的做事情。」

在激烈的職場競爭中，沒有或缺乏知識，就如同失去了應戰的本錢。一個人的知識儲備越多，才能越豐富，核心競爭力也就越強。

小沈和小陸同時被一家軟體公司錄用為程式設計師，小沈畢業於一所國立大學，學的是軟體發展專業，她才華橫溢，設計的程式簡潔明瞭，而且很少會出現漏洞，一開始就贏得了老闆的青睞。而小陸卻是一所普通高中畢業的，甚至她的大學學歷也是勉強過關，有人傳言說，小陸之所以能夠被錄取，完全是因為上層主管當中有她的親戚。

平常的工作量對小沈而言十分輕鬆，所以她花費了大量的時間在逛商場購物上，而小陸卻只能晚睡早起，才能勉強完成工作任務。為此，小沈總是瞧不起小陸，她甚至說：「和這樣的傻瓜在一起工作，簡直是我的恥辱。」

一年之後，老闆給小陸加薪了，對此，小沈憤憤不平：「只要高層有親戚就可以加薪，完全不考慮工作能力，這樣的公司司有什麼前途！」

這時，主管給小沈拿來了一份小陸的設計程式，小沈看後大吃一驚，

小陸的程式和原來的相比竟然有了脫胎換骨的變化！簡直可以用完美無缺來形容。

原來，在小沈自鳴得意於自己的才能的同時，小陸卻在勤奮學習。而此時，小陸設計出來的程式已經比小沈的好得多了！

小陸透過自身的努力，提高了自己的業務水準，取得了絕對優勢的核心競爭力，因此得到了加薪，而小沈卻自己的沾沾自喜而裹足不前。這就看出了一個人能否真正在職場站穩腳跟的關鍵因素——「核心競爭力」。核心競爭力是真正決定一個人能否能取得成功的最關鍵的因素。儘管我們的社會和企業中還存在許多不規範的方面，但隨著社會的進步和企業對管理的理解的深入和制度的逐漸規範，決定員工成功的因素越來越回歸到個人的素養、工作能力等因素。無論是在什麼樣的公司，無論你從事何種類型的工作，能為企業和公司正確解決問題的人，能為企業和公司帶來效益的人，一定會得到企業和公司的重用。

西班牙著名作家巴爾塔沙‧葛拉西安在《智慧書》中寫道：「在生活和工作中要不斷完善自己，使自己變得不可替代。讓別人離了你就無法正常運轉，這樣你的地位就會大大提高。」

不同的人有不同的生存方式，不同的員工有不同的工作能力。重要的不是你具有哪種能力，重要的是你所具有的能力是否是你的老闆和你的企業所不能缺少的。

把握好進與退的尺度

成功金言

當前面的路被一座山擋住時，我們應該怎麼辦呢？是繞過去還是退回去？繞過去雖然要多走一些路，但卻能保證到達目的的。

生活如同戰場，在關鍵時刻，能激流勇進者，是為強者；然能急流勇退者，是為智者。把握好進與退的尺度，這樣就把握了人生！因此，一個人要做成一件事，前進的同時還要懂得適時而退。後退是一種做人做事策略。不懂得後退的人，不但難以達到目的，而且還會被碰得頭破血流。

「盛極必衰，物極必反。」是事物發展的必然規律。自古以來，人的進退，原來就不是件容易處理的事，尤其是「退」字。進固然是一種勇氣，但退也同樣是一種智慧，該進時進，該退時退，進退自如左右逢源者，實屬強者中的智者。

有些人為了財富為了功利，只顧一路向前爭取。即使前面是險坑，跌下去會粉身碎骨；即使前面是一道牆，撞上去會滿臉開花。卻依然不肯回頭。這種做法只能會讓他們繼續窮忙下去。因為他們不知道讓自己的腦子轉個彎、繞個圈，學著以退為進。有句話叫做「退一步，海闊天空。」關鍵時刻退一步，世界會變得更加寬闊。

在一個偏僻的農村，有個年輕的農民，他一心要想當一個作家。為此，他不懈的努力著。十幾年過去了，他筆耕不輟，堅持每天寫五百字的稿子，而且他都改了又改，精心的加工，然後再充滿希望的寄往一家有名的雜誌社。但遺憾的是，儘管他很用功，可他從來沒有一篇文章發表，甚

至連一封退稿信都沒有收到過。

終於有一天，他收到了那家雜誌社的一封信，是社裡的一位編輯寄來的，信裡寫道：「看得出你是一個很努力的人，但我不得不遺憾的告訴你，你的知識面比較狹窄，生活經歷顯得過於蒼白，文字的駕馭能力也比較有限。不過，我從你多年的來稿中發現，你的鋼筆字越來越出色……」

讀完信，一直沉迷於作家夢的他沒有感到失落，反而豁然省悟。他決定就此止步，毅然放棄寫作，改練書法。憑藉著十年磨一劍的毅力，再加上日後的勤奮的學習和領悟。終於柳暗花明，成為有名的硬筆書法家。

適時進退是一種人生的抉擇，有時選擇後退是為了造就自我進取的資本。有一首詩形容農夫插秧：「手把青秧插滿田，低頭便見水中天；身心清淨方為道，退步原來是向前。」身處競爭時代，造就自己進取的資本當然很重要。

在激烈商戰中，懂得適時進退的攻略異常重要，「鋼鐵大王」卡內基便善用此道。

西元一八九八年，「華爾街大佬」金融巨頭摩根與「鋼鐵大王」卡內基開始了一場沒有硝煙的戰爭。

受美西戰爭的影響，使得匹茲堡的鋼鐵需求高漲。野心勃勃的摩根早將目光盯上了鋼鐵，因為他意識到鋼鐵工業前途無量，一心想主宰全美鋼鐵公司。摩根先控制了伊利鋼鐵和明尼蘇達鋼鐵兩家公司的實權。然後決定向卡內基的鋼鐵公司發起進攻。

他首先答應了號稱「百萬賭徒」的融資請求，合併了美國中西部的一系列中小企業，成立了聯邦鋼鐵公司，同時拉攏了國家鋼管公司和美國鋼網公司。接著，摩根又操縱聯邦鋼鐵公司的關係企業和自己所屬的全部鐵

路，同時取消了對卡內基的訂貨。

原以為卡內基會立即作出反應。但與摩根的預想相反，卡內基卻紋絲不動。他比任何人都更明白：冷靜是最好的對策。卡內基更清楚自己的鋼鐵在美國市場占有的「分量」。這些市場如果失去了卡內基的支援，勢必會有相當一部分企業因此而蒙受損失。

摩根很快意識到在這事上栽了跟頭。他馬上採取了第二步驟：美國鋼鐵業必須合併！摩根向卡內基發出了這樣的資訊，甚至他還威脅道：「如果卡內基拒絕，我將找貝斯列赫姆合作。」

摩根與貝斯列赫姆聯手，對卡內基顯然不妙。在分析了形勢，估計了發展後，卡內基作出了決定：「大合併相當有趣，不妨參加。至於條件，我只要大合併後的新公司債，不要股票，至於新公司的公司債方面，對卡內基鋼鐵資產的時價額，以一元對一點五元計算。」這對摩根來說，條件太苛刻了，但摩根沉默片刻。還是答應了卡內基的條件。

卡內基對付摩根的辦法，看起來似乎很「軟弱」，好像未作任何抵抗便「就範」了。但是，卡內基的看似讓步，而實際上卻取得了一次大的飛躍，換來的是「一元對一點五元計算」的新公司債，不能不說最後的真正勝利者，是卡內基，而不是摩根。

「退」從表面上看，意味著膽怯、失敗，其實不然。俗話說：「留得青山在，不愁沒柴燒。」進與退是一種辯證關係，暫時的退卻是為了將來的進攻。「窮忙族」們更需要把握好進與退的尺度。人人都嚮往著高官厚祿，榮華富貴，在「退」上欠了火候，甚至可能就會使一個人一生的功績毀於一旦，身敗名裂，遺恨終生！

一次只做一件事

美國首都紐約中央車站問詢處，每天流客都絡繹不絕，許多陌生的旅客不可避免要問一些問題。如何在給提問者回答的時候，做到方寸不亂，對於櫃檯後面的服務員來說，著實該是件撓頭的事。可事實上，有人注意到，有一個服務員的工作狀態卻好到了極點。

此刻在她面前的旅客，是一個矮胖的婦人，臉上充滿了焦慮與不安。服務員把頭抬高，集中精力，透過她的厚鏡片看著這位婦人，「你要去哪裡？」

這時，有位穿著入時，一手提著皮箱，頭上戴著昂貴的帽子的男子，試圖插話進來。但是，這位服務員對他卻置之不理，只是繼續和這位婦人說話：「你要去哪裡？」

「特溫斯堡。」

「是俄亥俄州的特溫斯堡嗎？」

「是的。」

「那班車將在十分鐘之後發車，上車在十五號月台。你快點走還趕得上。」

「我還能趕得上嗎？」

「是的，太太。」

　　婦人轉身離去，這位服務員立即將注意力轉移到下一位客人 —— 剛才插話的那位戴著高貴帽子的男子。但這時先前那位婦人又回頭來問了一句：「你剛才說是十五號月台？」這一次，這位服務人員集中精力在下一位旅客身上，輪到對這位頭上紮絲巾的婦人置之不理了。

　　有人請教那位服務員：「能否告訴我，你是如何做到並保持冷靜的呢？」

　　那個服務員說：「我一次只專心服務一位旅客，這樣工作起來才能有條不紊，為更多的人服務。」

　　一個人的生命是有限的，如果我們的工作和生活總是被那些瑣碎的、毫無意義的事情所占據，那麼我們就沒有精力去做真正重要的事情了。

　　對於一個員工來說，做好每一件事是一個員工縱橫職場的良好品格，但是如果一個人不能專注於自己的工作，不能把工作做好，那麼他很難得到老闆的器重與提拔。在現在的社會中，想必沒有哪個企業會喜歡做事三心二意、馬馬虎虎的員工，所以一次只做一件事是把事情做好，提高工作效率的最好策略。

　　然而，在生活中，我們經常都會遇到這樣的經歷：當我們正在全神貫注的工作時，總是會被一些瑣事所干擾。比如有同事過來請求協助，有下屬過來彙報問題，上司派下新的任務……這些迫使我們不得不中斷正在進行中的工作，使我們亂了工作的重點。因為這樣來回折騰幾個回合後，就可能連一件事情也做不成，甚至還可能因為亂七八糟的瑣事而忘了剛剛理清的思路，手頭正在做的事也因此不能再繼續深入下去。所以我們必須得選用「一次只做一件事」的方法來緩解「窮忙族」的忙碌。

　　「一次只做一件事」是解決工作效率低下問題的良藥。大富豪杜拉克

曾在《哈佛商業評論》上就「一次只做一件事」發表文章非常肯定的指出：「我還沒有碰到過哪位經理人可以同時處理兩個以上的任務，並且仍然保持高效率。」

卓越的職場人士往往懂得專注於一項工作的重要性。事情多了心就沒有空間，能量就被事情的瑣碎給耗費殆盡。

獨木難成林

> **成功金言**
>
> 很多人都追求獨立自主，但獨立自主並不意味著獨來獨往，也不意味著排斥合作，大凡功成名就的人都懂得合作的巨大力量。他們大多善於從同伴那裡汲取智慧，從同行者那裡獲得前進的動力，或者直接利用合作夥伴的力量來成就自己的事業。

在二十一世紀的今天，在這個紛繁複雜的社會裡，靠單打獨鬥就可以取得成功的時代已經漸漸遠去，任何人都不可能是全能的，也沒有一個組織或個人能擁有自己所需要的所有資源。這就決定了合作的必要性。即使是完成一件最簡單的事也離不開和其他人的合作，除此之外，我們別無選擇。

東方諺語云：「團結就是力量」，「三個臭皮匠，勝過一個諸葛亮。」西方諺語云：「Two head is bigger than one（兩人智慧大於一人）。」一個人的力量再強大也總是有限的，與人合作卻可以壯大自己。特別是在成功的路上，大凡明智之人都懂得聯合起來改變自己的命運。

合作其實就是大家透過共同努力來實現一個共同目標，屬於解決問題

的協作性行為，在合作過程中，人際關係的和睦與否，制約著團隊的成功與否。你沒有錢，可以找有錢的幫忙；你沒有技術，可以請有技術者與你共創事業；如果你不善於經營管理，你也可以聘請有經驗的人入夥與你一道奮鬥，其結果要的就是雙贏發展。

一次，比爾・蓋茲應邀到某大學演講。一個學生問他：「你是怎樣在短時間內創造巨大的財富的？」

「不，不是『你』，而應是『你們』，」蓋茲糾正後繼續說，「微軟有今天的成就，不是我一個人的努力，而是所有微軟人的共同努力。比如艾倫，我十三歲時就開始和他合作了，還有史蒂夫・鮑默爾等等。」

俗話說：「眾人拾柴火焰高。」也就是說，一個人的力量總是有限的，有了大家的幫助，個人才能有更大的發展。

合作精神是一切事業成功的基礎。不管是在經商中，還是在其他事業的建設上，凡事若以「合作」的觀點來看這個世界，你將會越來越成功。美國國務活動家韋伯斯特曾說過一句有名的話：「人們在一起可以做出單獨一個人所不能做出的事業；智慧、雙手、力量結合在一起，幾乎是萬能的。」有合作就有回饋，合作得越多，回饋也就越多。其實，這是一個與人合作的人生，當我們與別人合作的同時，我們也受到別人的贈與，也因為共同合作的結果，使人越來越富有。

第 4 章 管好時間

零星的時間，如果能敏捷的加以利用，可成為完整
的時間。所謂「積土成山」是也，失去一日甚易，欲得回
已無途。

—— 成功學大師卡內基

時間是擠出來的

成功金言

時間就像海綿裡的水一樣，只要你願擠，總還是有的。

一個人的成就是一點一滴累積起來的，是善於利用時間的結果。時間的碎片散落在我們生命的周圍，有心人就會拾起這些碎片，用這些碎片織成偉大的藍圖。所以，生存的智慧就在於從時間的碎片裡創造生命的輝煌。

從某種意義上來講，生命的價值就展現在人們所謂的零碎的時間中。能夠掌握好自己時間的人，也就能掌握自己的前途。

時間是由那些最小的單位構成的，那一秒一秒的時間就是你生命的碎片，需要你不斷的收集，最後才能形成一個整體生命。如果不注意收集時間的碎片，那麼，你就不會擁有完整的生命，你也就不會取得任何成功。

我們每天的生活和工作中都有很多零碎的時間，如果有人約你一起吃飯而遲到，於是你只能等待；或者你到修車廠去而車子無法按約定時間交付；或在銀行排隊而向前移動的速度慢時，千萬不要把這些短暫的時間白白耗掉，完全可以利用這些時間來做一些平常來不及做的事情。

卡爾・華爾德曾經是愛爾斯金（美國近代詩人、小說家和出色的鋼琴家）的鋼琴教師。有一天，他給愛爾斯金教課的時候，忽然問他：「你每天要練習多少時間鋼琴？」

愛爾斯金說：「大約每天三四小時。」

「你每次練習，時間都很長嗎？是不是有幾個鐘頭的時間？」

「我想這樣才好。」

「不，不要這樣！」卡爾說，「你將來長大以後，每天不會有長時間的空閒的。你可以養成習慣，一有空閒就幾分鐘幾分鐘的練習。比如在你上學以前，或在午餐以後，或在工作的休息餘閒，五分、五分鐘的去練習。把小的練習時間分散在一天裡面，如此則彈鋼琴就成了你日常生活中的一部分了。」

十四歲的愛爾斯金對卡爾的忠告未加注意，但後來回想起來真是至理名言，其後他得到了不可限量的益處。

當愛爾斯金在哥倫比亞大學教書的時候，他想兼從事創作。可是上課、看考卷、開會等事情把他白天和晚上的時間完全占滿了。差不多有兩個年頭，他一字不曾動筆，他的藉口是「沒有時間」。後來，他突然想起了卡爾・華爾德先生告訴他的話。到了下一個星期，他就按卡爾的話實驗起來。只要有五分鐘左右的閒置時間，他就坐下來寫作，哪怕一百字或短短的幾行。

出乎意料之外，在那個星期的終了，愛爾斯金竟寫出了相當多的稿子。

後來，他用同樣積少成多的方法創作長篇小說。愛爾斯金的授課工作雖一天比一天繁重，但是每天仍有許多可供利用的短短餘閒。他同時還練習鋼琴，發現每天小小的間歇時間，足夠他從事創作與彈琴兩項工作。

大凡做事有理想的人，大都能做到非常合理的利用時間，讓時間的消耗降低到最低限度。《有效的管理者》一書的作者杜拉克說：「認識你的時間，是每個人只要肯做就能做到的，這是每一個人能夠走向成功的有效的必經之路。」據有關專家的研究和許多領導者的實踐經驗，人們可以從以

下幾個方面駕馭時間，提高工作效率：

(1) 善於集中時間

千萬不要平均分配時間，應該把你有限的時間集中到處理最重要的事情上，不可以每一樣工作都去做，要機智而勇敢的拒絕不必要的事和次要的事。

一件事情發生了，開始就要問問：「這件事情值不值得去做？」千萬不能碰到什麼事都做，更不可以因為反正我沒閒著，沒有偷懶，就心安理得。

(2) 要善於把握時間

每一個機會都是引起事情轉折的關鍵時刻，有效的抓住時機可以牽一髮而動全身，用最小的代價取得最大的成功，促使事物的轉變，推動事情向前發展。

如果沒有抓住時機，常常會使已經快到手的結果付諸東流，導致「一招不慎，全盤皆輸」的嚴重後果。因此，取得成功的人必須要擅長審時度勢，捕捉時機，把握「關鍵」，做到恰到「火候」，贏得機會。

(3) 要善於協調兩類時間

對於一個取得成功的人來說，存在著兩種時間：一種是可以由自己控制的時間，我們叫做「自由時間」；另外一種是屬於對他人他事的反應的時間，不由自己支配，叫做「應對時間」。

這兩種時間都是客觀存在的，都是必要的。沒有「自由時間」，完完全全處於被動、應付狀態，不會自己支配時間，就不是一名成功的時間管理者。

可是，要想絕對控制自己的時間在客觀上也是不可能的。沒有「應對時間」，都想變為「自由時間」，實際上也就侵犯了別人的時間，這是因為每一個人的完全自由必然會造成他人的不自由。

（4）要善於利用零散時間

時間不可能集中，常常出現許多零碎的時間。要珍惜並且充分利用大大小小的零散時間，把零散時間用來去做零碎的工作，從而最大限度的提高工作效率。

（5）善於運用會議時間

我們召開會議是為了溝通資訊、討論問題、安排工作、協調意見、做出決定。很好的運用會議的時間，就會提高工作效率，節約大家的時間；運用得不好，則會降低工作效率，浪費大家的時間。

時間對每一個人都是均等的，關鍵看你怎麼用。會用的，時間就會為你服務；不會用的，你就為時間服務。

從閒置時間中每天爭取一個小時可以將一個普通人變成一個科學家；從閒置時間中每天爭取一個小時，這樣堅持十年，可以將一個無知的人變成一個博學之才；從閒置時間中每天爭取一個小時，可以掙足夠的錢；從閒置時間中每天爭取一個小時，一個孩子可以仔細閱讀二十頁書，一年就可以讀一千頁，或者十八本厚書；從閒置時間中每天爭取一個小時，就可以將一個小混混變成一個對社會有貢獻的人；從閒置時間中每天爭取一個小時，也許會 —— 不，肯定會 —— 將一個毫無名氣的人變成一個家喻戶曉的大人物，將一個毫無用處的人變成一個造福子孫後代的人。再想想，如果一天省下二個、四個、六個小時（這些都是年輕人經常浪費掉的），

那麼，我們會創造出多麼驚人的奇蹟啊！

每個年輕人都應養成習慣，把閒置時間集中起來，做些有意義而且自己又覺得很有意思的事。如果你在閒置時間內學習、研究，那麼這個習慣將改變你自己、改變你的家庭。

讓自己擁有四十八小時

> **成功金言**
>
> 時間最不偏私，給任何人都是二十四小時；時間也是偏私，給任何人都不是二十四小時。

著名的物理學家愛因斯坦認為，人與人之間的最大區別就在於怎樣利用時間。我們出生時，世界送給我們最好的禮物就是時間。不論對窮人還是成功者，這份禮物是如此公平：一天二十四小時，我們每一個人都用它來投資經營自己的生命。有的人很會經營，可以把一分鐘變成兩分鐘，一小時變成兩小時，二十四小時變成四十八小時……他用上天賜予的時間做了很多的事，最終換來了成功。其實，這世界上的偉人、元首、科學家、發明家、文學家等等，最成功之處就是運用時間的成功，他們都是運用時間的高手。

每個人從生到死的時間都是差不多的，但是，在相同的時間裡，有些人能夠做很多事情，效率很高，而另一些人卻只能做極少的事情，沒有效率。就好像時間對有些人長，對另一些人短。其實時間的長短，是由人怎樣利用決定的，在同樣的時間裡，有的人做的事多，有的人做的事少，這

樣時間就有了長短的區別。

但是，無論是總統、企業家，或是工人、乞丐，每個人的一天都只有二十四小時，這是上蒼對人類最公平的地方。雖然如此，但就有人有本事把一天的二十四小時變成四十八小時來用。這不是神話，而是事實。

在古代埃及有一個美凱利諾斯法老，是一個非常善良的人，也是非常相信神的人。可是，有一天，從布興市來了一個人，說他還有六年的壽命，第七年就一定要死。於是，他就去質問神靈，得到明確的答覆後，他就下令製造了許多燭燈，每天晚上就點起燈來，飲酒作樂，打算把黑夜變成白天，把六年的時間變成十二年，以此來度過人生。

其實，每個人爭取時間就是為了多做些有意義的事情，如果，這樣渡過人生，那麼，多餘的時間又有什麼用呢？

現代人追求時間，就是追求效益，追求在有效的時間內做更多的事情，從而使自己人生豐富多彩，能夠充分實現人生價值。

有這樣一位成功人士，他每天早上五點起床，先做早操，然後吃早點、看報紙，接著開車去上班，車上聽的不是路況報導，而是語言錄音帶，有時也聽演講錄音帶。由於早出門，因此不會塞車，到達辦公室差不多七點半，他又用七點半到九點這段時間把其他報紙看完，並且做了剪報，然後，準備一天上班所要的資料。中午他在飯後小睡三十分鐘，下午繼續工作，到了下班，他會利用一個多小時看書，在七點左右回家，因為不塞車，半小時可回到家吃晚餐。在車上，他仍然聽錄音帶或演講錄音帶。吃過飯後，看一下晚報，和太太小孩聊一聊，便溜進書房看書、做筆記，一直到十一點上床睡覺。

他和別人不一樣，因為他的一天有四十八小時，也就是說他一天做的

事情是別人兩天才能做完的事情。很顯然，他的成就超過了他的同齡人。其實他也沒什麼法寶，他只是不讓時間白白的流逝罷了。而要讓時間流逝是很容易的，發個呆，看個電視，打個電動玩具，一個晚上很容易就打發了。

如果天天如此，一年、兩年很容易就過去了，你的成就和別人一比，就明顯有了差距。

因此你也有必要把一天變成四十八小時，讓你的每一分鐘每一秒鐘發揮最大的效益。其實並不難，把你的時間做個規劃並且認真的去實踐就行了。

學校上課都有功課表，其實這就是最基本的時間規劃，你也可參考這種方式，把自己一天當中什麼時間要做什麼事列成一張表，並且每天按表作息。一開始你會很不習慣，又因為沒有人監督，所以你很有可能會「偷懶」，如果你偷懶，那麼你就失敗了，所以你必須堅持，再透不過氣也不可鬆懈。過一段時間後，應付成為習慣，然後你的時間會「繁殖」，一天變成三十六小時、四十八小時，甚至更多，也就是，你的時間效益提高了。

如果你想創造成功人生，事業上有所作為，你就必須年輕時訓練自己利用時間，追求時間的效用，把二十四小時變成四十八小時。時間的延長，也意味著生命的延長。別人活一百歲，你就能活二百歲，你比別人多活了一輩子。別人兩輩子才能做你一輩子的事情。

這世界上有許多人不懂得珍惜時間，不懂得珍惜現在所擁有的一分一秒。事實上，時間是一分一秒累積的。一位名人曾說過：「我是把別人喝咖啡的時間都用在工作上的。」可見他對零星時間的珍惜。一個人若要在

學識上有所造詣，在事業上有所成就，沒有這種惜時如金的精神，沒有時不我待的緊迫感，是決然不成的。記住，真正成功的人的時間從來都是用秒來計算的。

放棄了一秒的時間，你就會不知不覺放棄一分鐘的時間；放棄了一分鐘的時間，你就會覺得放棄一小時的時間並不是多麼不可原諒的事情；於是，在一點一滴的放棄中，你便放棄了許多生命中的精彩片斷。

從昨天的時間裡走出來

成功金言

不要為已消盡之年華歎息，必須正視匆匆溜走的時光。

生活在今天，從現在開始，做現在的事情。只有現在才有成功。昨天的事情已經過去了，不管成功還是失敗，統統忘掉。從昨天的時間裡走出來，你才有新生。時間是世人的君主，是他們的父母，也是他們的墳墓。今日，你如何利用你的時間是很重要的，因為時間是一去而不復返的。

當你在玩或忙於追求有價值的目標時，你會覺得時間飛逝。但如果你只是在熬時間，那是很難挨的事。

「一日之計在於晨」。當我們早起時，尤其是經過一晚甜睡後，情況大不一樣。早起給我們時間以企盼的心情來迎接一整天，發動我們內在的力量，使我們能迎接眼前的挑戰。昨天在我睡著時已結束了，所有的不快和擔心也隨之而結束。今天是新的一天，我可以寫下新的一頁，只要我肯試。

人生是有限的，但人們在有限的人生裡究竟把多少時間用在了現在，用在了明明白白的眼下之所為？在時間的長河裡，昨天已經去了，明天還沒有來，只有今天屬於自己，屬於已經兌現了的「現在」，但很多時候，人們卻把時間用在了思前想後上，用在了沉湎舊事舊情舊物上，用在了對往事中某些失誤的悔恨上，或者用在了對以後歲月的空想上，而這一切都是沒有效益的，都是對時間的浪費。為了已經過去了的事情懺悔、愁悶、歎息實在是毫無價值的，這樣做不但浪費了你的時間，浪費了你的情感，也浪費了你的精力，浪費了你許多寶貴的一切。

在世界歷史中，再沒有別的日子比「今日」更偉大的了。「今日」是各時代文化的總和。「今日」是一個寶庫。在這寶庫中，蘊藏著過去各時代的精華。各個發明家、發現家、思想家，都曾將他們努力的成果，奉獻給「今日」。

今日的物理、化學、電器、光學等等科學的發明與應用，已把人類從過去簡陋的物質環境中挽救出來。今日的文明，已把人類從過去的不安與束縛的環境中解放出來。今日一個平常人可以享受的安樂，簡直可以超過一世紀以前的帝王。

有些人往往有「生不逢時」的感歎。以為過去的時代都是黃金時代，只有現在的時代是不好的。這真是大錯特錯了。凡是構成「現在」世界的一分子的，必須真正的生活在「現在」的世界中。我們必須去接觸、參加現在生活的洪流，必須縱身投入現在的文化巨浪。我們不應該生活在「昨日」或「明日」的世界中，把許多精力耗費在追懷過去與幻想未來之中。

一個人能夠生活於「現實」之中，而又能充分去利用「現實」，他要比那些只會瞻前顧後的人，有用得多；他的生活也會更能成功、完美得多。

時當現在，你千萬不要幻想於下個月中，喪失了正月中可能得到的一切。不要因為你對於下一月，明年，有所計畫，有所憧憬，遂虛度、糟蹋了這一月，這一年。不要因為目光注視著天上的星光而看不見你周圍的美景，踩壞你腳下的玫瑰花朵。

你應當下定決心，去努力改善你現在所住的茅屋，使它成為世界上快樂、甜蜜的處所。至於你幻夢中的亭台樓閣，高樓大廈，在沒有實現之前，還是請你遷就些，把你的心神仍舊貫注在你現有的茅屋中。這並不是叫你不為明天打算，不對未來憧憬。這只是說，我們不應當過度的集中我們的目光於「明天」，不應當過度的沉迷於我們「將來」的夢中，反而將當前的「今日」喪失，喪失它的一切歡愉與機會。

人們常有一種心理，想脫離他現有不快的地位與職務，在渺茫的未來中，尋得快樂與幸福。其實這是錯誤的見解，試問有誰可以擔保，一脫離了現有的地位，就可得到幸福呢？有誰可以擔保，今日不笑的人，明日一定會笑呢？假使我們有創造與享樂的本能，而不去使用，怎知這種本能，不在日後失去作用？

我們應該緊緊抓住「今日」！

享譽世界的書畫家齊白石先生，九十多歲後仍然每天堅持作畫，「不讓一日閒過」。有一次，齊白石過生日，他是一代宗師，學生、朋友非常多，許多人都來祝壽，從早到晚客人不斷，先生未能作畫。第二天，一大早先生就起來了，顧不上吃飯，走進畫室，一張又一張的畫起來，連畫五張，完成了自己規定的今天的「作業」。在家人反覆催促下吃過飯他又繼續畫起來，家人說「您已經畫了五張，怎麼又畫上了？」「昨天生日，客人多，沒作畫，今天多畫幾張，以補昨天的『閒過』呀。」說完又認真的

畫起來。齊白石老先生就是這樣趕緊每一個「今天」，正因為這樣，才有他充實而光輝的一生。

抓住現在的時光，這是你能夠有所作為的唯一時刻。不要因為介意昨天的事，而毀了你今天的努力。假如我們不能充分利用今日而讓時間自由虛度，那麼它將一去不返。

所謂「今日」，正是「昨日」計畫中的「明日」，而這個寶貴的「今日」，不久將消失到遙遠的地方。對於我們每個人來講，得以生存的只有現在 —— 過去早已消失，而未來尚未來臨。一位名人說過，昨天，是張作廢的支票；明天，是尚未兌現的期票；只有今天，才是現金，有流通性、有價值之物。因此，只有今天才是我們唯一可以利用的時間。

人們把今天比為現金，只有現金才能購物。昨天已成為歷史，明天尚未到來，仍屬幻想。只有現在掌握在你手中，只有現在才能做自己想做的一切。人生拚搏的機會是不多的，為此，有機堪搏直須搏，莫待無機空徘徊。時間的特點是：既不能逆轉，也不能儲存，是種不能再生的特殊資源。岳飛說得好：「莫等閒，白了少年頭，空悲切。」我們要以珍惜的態度把握時間，從今天開始，從現在做起 —— 記住！現在做起！ —— 現在！

主宰時間

> **成功金言**
>
> 普通人只想到如何度過時間，有才能的人設法利用時間。

勤奮的人是時間的主人，懶惰的人是時間的奴隸。你願意少年時不努

力，老時再讓傷悲來折磨自己的心嗎？

人總是貪圖享受，從而養成懶惰的習性，因為享受不需要奮鬥拚搏，沒有誰生下來就願意吃苦，勤奮努力。

懶惰會使自己的生命時間白白的浪費掉，一生無所作為。懶惰的人總是會拖延他應該做的所有事情。

從前，有一個人特別懶，過著茶來伸手、飯來張口的生活。把父母留下的一點遺產全吃完了，他還是沒有著急，妻子實在沒有辦法了，準備回娘家去要一些糧食回來。

她走的時候，生怕他懶，就烙了很多張大餅，並在中間鑽上孔，一個一個的套在他的脖子上，好讓他餓了吃。妻子走了之後，他就天天吃這些大餅，而且只吃前面的，也不伸手去把後面的拉過來。

沒過幾天，他把前面夠得著的餅全吃了，等著別人來幫他把後面的拉過來再吃。可是，一天過去了，家裡沒有來人，兩天過去了，家裡還是沒有來人……第五天的時候，他實在是太餓了，連喊叫的力氣都沒有了，可是家裡還是沒有人，

他很生氣，罵妻子說：「該死的黃臉婆，怎麼還不回來呢？」但這時候的他，因為太餓，已經沒有力氣去把後面的餅拉過來了。

又過了五天，妻子借了一大口袋的糧食回來了，卻發現他已經死了好幾天了。再看看他的脊背後面，還有很多的餅沒有吃完呢！

懶惰的人只能使自己走向滅亡之路，因為天上不會掉餡餅。自己不去努力、不去奮鬥，成功永遠不會降臨。

鬧鐘響了，他會說：「讓我再睡一會。」

事情來了，他會說：「等一會，明天再說。」

　　所以，要使人生能夠成功，使你的生命時間有意義，你就必須戰勝懶惰。

　　一天，一位教授問他的一個學生：如果有一家銀行每天早上都在你的帳戶裡存入八萬六千四百塊，可是每天的帳戶餘額都必須於當日用掉而不能結轉到明天，每當到結算時間，銀行就會把你當日未取盡的款項全數刪除。這種情況下你會怎麼做呢？

　　「當然，每天不留分文的全數提取是最佳選擇了！」那位學生回答說。

　　是啊！我們是應該這樣，不過你可能不曉得，其實我們每個人都有這樣的一個銀行，它的名字是「時間」。每天早上我們的「時間銀行」總會為每一個人在帳戶裡自動存入八萬六千四百秒；一到晚上，它也會自動把你當日虛擲掉的光陰全數註銷，沒有分秒可以結轉到明天，而且你也不能提前預支片刻。如果你沒能適當使用這些時間存款，損失只有你自己來承擔。沒有回頭重來，也不能預提明天，你必須根據你所擁有的這些時間存款而活在現在。

　　的確，時間不停的在運轉，努力讓每個今天都有最佳收穫，否則我們就會遭受不可挽回的損失，我們應該善加投資運用我們的時間存款，以換取最大的健康、快樂與成功。想要體會「一年」有多少價值，你可以去問一個失敗重修的學生；想要體會「一月」有多少價值，你可以去問一個不幸早產的母親；想要體會「一週」有多少價值，你可以去問一個週刊的編輯；想要體會「一小時」有多少價值，你可以去問一對等待相聚的戀人；想要體會「一分鐘」有多少價值，你可以去問一個錯過火車的旅客；想要體會「一秒」有多少價值，你可以去問一個死裡逃生的幸運兒；想要體會「一毫秒」有多少價值，你可以去問一個錯失金牌的運動員。

　　「一寸光陰一寸金，寸金難買寸光陰。」我們要學會珍惜時間，絕對不要過消磨時光的生活。馬克‧吐溫說：「我們計算著每一寸逝去的光陰；我們跟它們分離時所感到的痛苦和悲傷，就跟一個守財奴在眼睜睜的瞧著他的積蓄一個、一個的給強盜拿走而沒辦法阻止時所感到的一樣。」

　　永遠不要忘記時間不等人，昨天已成為歷史，明天則遙不可知，而今天是一個禮物，我們一定要珍惜。懶惰是人生的大敵。偷懶之後，我們就會覺得時間不夠用了，我們就會痛悔虛度一生。只有戰勝懶惰，我們才能做時間的主人，從容不迫、豐富多彩的度過一生。

你真的珍惜生命嗎

成功金言

敢於浪費哪怕一個鐘頭時間的人，說明他還不懂得珍惜生命的全部價值。

　　「光陰似箭，日月如梭」，「黃金難買光陰，一世如白駒過隙」，「時間是金錢，時間是生命」……這些警句都是告誡人們要珍惜時間。

　　有一個阿拉伯的富翁，在一次大生意中虧光了所有的錢，並且欠下了債。他賣掉房子、汽車，還清債務。此刻，他孤獨一人，無兒無女，窮困潦倒，唯有一隻心愛的獵犬和一本書與他相依為命，相依相隨。在一個大雪紛飛的夜晚，他來到一座荒僻的村莊，找到一個避風的茅棚。他看到裡面有一盞油燈，於是用身上僅存的一根火柴點燃了油燈，拿出書來準備讀書。但是，一陣風忽然把燈吹熄了，四周立刻漆黑一片。這位孤獨的老人

陷入了黑暗之中，對人生感到痛徹的絕望，他甚至想到了結束自己的生命。但是，立在身邊的獵犬給了他一絲慰藉，他無奈的歎了一口氣沉沉睡去。第二天醒來，他忽然發現心愛的獵犬被人殺死在門外。撫摸著這隻相依為命的獵犬，他突然決定要結束自己的生命，世間再沒有什麼值得留戀的了。於是，他最後掃視了一眼周圍的一切。這時，他發現整個村莊都沉寂在一片可怕的寂靜之中。他不由得急步向前，啊，太可怕了，屍體，到處是屍體，一片狼藉。顯然，這個村莊昨夜遭到了匪徒的洗劫，整個村莊一個活口也沒留下來。看到這可怕的場面，老人不由心念急轉 —— 啊！我是這裡唯一倖存的人，我一定要堅強的活下去。此時，一輪紅日冉冉升起，照得四周一片光亮，老人欣慰的想：我是這裡唯一的倖存者，我沒有理由不珍惜自己，雖然我失去了心愛的獵犬，但是，我得到了生命，這才是人生最寶貴的。

老人懷著堅定的信念，迎著燦爛的太陽又出發了。

沒有什麼比生命更寶貴的了。留得青山在，不怕沒柴燒，只要有生命尚存，一切都可以從我們的手中重新爭取，但如果失去了生命，一切的一切也就變得毫無意義，因為人已經不能再擁有它了。所以，相對於生命來說，沒有什麼更具實際意義的東西了。珍惜生命，就等於珍惜了一切美好事物的來源；一個珍視生命的人，必然會珍惜他身邊的一切。生命是人的本源。

法國思想家伏爾泰，曾經出了一個有趣的謎語：「世界上哪樣東西是最長的又是最短的，最快的又是最慢的，最能分割的又是最廣大的，最不受重視的又是最受惋惜的；沒有它，什麼事情都做不成；它使一切渺小的東西歸於消滅，使一切偉大的東西生命不絕？」

　　這是什麼呢？這就是時間。高爾基的回答同樣充滿辯證法：「世界上最快而又最慢，最長而又最短，最平凡而又最珍貴，最容易被忽視而又最令人後悔的就是時間。」

　　時間有長短、快慢、平凡與珍貴的區分嗎？

　　有，也沒有。

　　說有，是因為，對個人生命時間來說，時間是有區別的。

　　說沒有，是因為，時間是不變的，無始無終，是沒有區別的。

　　我們每個人都生活在自己的時間裡，區別就在於使用時間的方法不同，因而，價值和意義就不同。所以，每個人都想在自己有限的時間裡，實現人生無限的夢想。

　　其實，人一生下來，就應該對自己的生命時間作出安排。在他少不更事的時候，這種安排要由家長來進行，一旦他長大成人，就要對自己負責，就要安排自己的生命時間，以保證實現自己的人生目的。

　　安排好自己的時間，就要按照時間的安排去實踐，去實現人生的價值。

　　時間就是在實踐過程中一點一點失去的，在你的生活中，時間就像布袋子裡的水，存不住的，不知不覺就漏光了。

　　管好自己的時間，就是不要讓時間漏掉。

　　面對看不見，摸不著，觸不到的匆匆時光，我們經已習以為常！當我們不經意的、若無其事的經歷生活時，時光卻在我們洗手時、吃飯時、默默時義無反顧的從水盆裡、飯碗裡、雙眼前溜走！當我們企圖挽留它時，它卻輕悄的、伶俐的過去！沒有半點的蹤跡，沒有絲毫的留戀，沒有丁點的不捨！原來，我們竟然就這樣束手無策的被時光遺棄了！

　　古往今來，人人都知道時間是寶貴的。有了時間就可以學習、工作，就可以成長知識，創造財富。但「在逃去如飛的日子裡」，我們最終的歸宿都只能是「赤裸裸來到這世界，轉眼間也將赤裸裸的回去」，到底在這期間能「留著些什麼痕跡」，難道真的要「白白走這一遭」嗎？這是每個人在生命的盡頭驀然回首時都情不自禁的思索的問題！但匆匆人生，沒有預演，也沒有重演！我們不可能有機會算計好我們整個生命的歷程，我們無法預知未來的一刻會發生什麼事情！

　　時間老人給每個人的時間都是一樣的，而每個人安排時間的方法卻是截然不同的。有的人顧此失彼的活著，老在停步不前的哀悼無所建樹的昨天，結果只能蹉跎歲月；有的人東拼西湊的活著，做一天和尚撞一天鐘；有的人大智若愚的活著，總結好昨天，做好今天，把握好明天……正確安排時間的人必將生活得充實幸福，浪費時間的人則會碌碌無為、後悔莫及。

　　過去的讓它過去，消失的讓它消失，只是從現在開始，不能再讓靈魂在匆匆的時光河流裡作虛無的徘徊。把握好生命的每一分鐘，只要不空虛，永遠不後悔，任何珍惜時間的事情都可以讓生命之花綻放出奪目的色彩並散發出令人眩暈的芬芳。

現在就做，不要明天再說

> **成功金言**
>
> 時間就是生命，時間就是速度，時間就是力量。

如果你坐等更好的機會、更好的工作或更好的環境，那麼等待本身便是死路一條。

一個成功者應該珍惜自己的時間。世上那些工作緊張忙碌的人，無不設法迴避那些消耗他們時間的人，希望自己寶貴的時間不因為他們而多浪費一刻。

我們每個人在一生中，總有種種的憧憬，種種的理想，種種的計畫。假使我們能夠將一切的憧憬都抓住，將一切的理想都實現，將一切的計畫都執行，那我們在事業上的成就，真不知要怎樣的宏大，我們的生命，真不知要怎樣的偉大。然而我們往往是有憧憬不能抓住，有理想不能實現，有計畫不去執行，終於坐視種種憧憬、理想、計畫的幻滅和消逝。

我們總是拖延自己今天應該做的事情，總是想著明天再做。

放著今天的事不做，而想留待明天做，就在這個拖延中所耗去的時間、精力，實際上僅夠將那件事做好。

拖延的習慣很妨礙人的行事。俗話說：「命運無常，良緣難再。」在我們一生中，若錯過良好機會，不及時抓住，以後就可能永遠失去了。

一個生動而強烈的意想、觀念，忽然闖入一位作家的腦海，使他生出一種不可阻遏的衝動，便想提起筆來，將那美麗生動的意象、境界，移向白紙。但那時他由於某種原因，沒有立刻就寫。那個意象還是不斷的在他腦海中活躍、催促，然而他還是拖延。後來，那意象逐漸的模糊、褪色，直到完全消失。

一個神奇美妙的印象，突然閃電一般的襲入一位畫家的心靈。但是他不想立刻提起畫筆，將那不朽的印象表現在畫布上，雖然這個印象占領了他全部的心靈，然而他總是不跑進畫室，埋首揮毫。最後，這幅神奇的

圖畫，會漸漸的從他眼前淡去。賽凡提斯說：「取道於『等一會』之街，人將走入於『永』不之室。」真是名言。為什麼這些印象衝動，是這樣的來去無蹤？其來也，是這樣的強烈而生動；其去也，是這樣的迅速而飄忽？就因為這些印象之來，原是我們在當初新鮮、靈活時，立刻就去利用它們的。

拖延往往會生出悲慘的結局。凱撒因為接到了報告，沒有立刻展讀，遂至一到議會，喪失了生命。拉爾上校正在玩紙牌，忽然有人遞來一個報告，說華盛頓的軍隊，已經進展到提拉瓦爾。他將報告塞入衣袋中，牌局完畢，他才開信閱讀，雖然他立刻調集部下，出發應戰，但時間已經太遲了，結果是全軍被俘，自己也因此戰死。僅僅是幾分鐘的延遲，使他喪失了尊榮、自由與生命。

拖延著明天去做，是人性的弱點。

為什麼我們被拖延著明天去做呢？

(1) 我們自己欺騙自己，要自己相信以後還有更多的時間。這種情形在我們要做一件大事時特別會有此傾向。通常事情越大，我們越會拖延。

(2) 有些事情現在看來似乎不重要，有些事情的結果太遠，也許我們先做其他事情，等到逼不得已再來做這些事。有些人拖延的事情太大，以至到了不做不行的時候，他們每天忙得團團轉，猶如消防員一樣。

(3) 沒有人逼。除非有人逼他們去完成。被人一逼，他們才會去做。

(4) 我們拖延工作是因為它們似乎是令人不愉快的、困難的或冗長的。不幸的是我們越拖延，就越令人不快。

「明日復明日，明日何其多！我生在明日，萬事成蹉跎。世人若被明

日累，春去秋來老將至。朝看水東流，暮看日西墜，百年明日有幾時？請君聽我《明日歌》。」這是明朝詩人對拖延時間的人的忠告。

所以，我們要克服自己拖延的毛病，一定要記住：

現在有事情，現在就做，不要明天再說。我們每個人幾乎都做過拖延的事，把該做的事拖延下去。我們認為以後會有更多的時間來做它，這個工作在另一個時間會變得容易點。但我們從未有更多的時間，而我們越拖延，工作會變得越難。在興趣、熱忱濃厚的時候做一件事，與在興趣、熱忱消失了以後做一件事，它的難易、苦樂，真不知相差多少！在興趣、熱忱濃厚時，做事是一種喜悅；興趣、熱忱消失時，做事是一種痛苦。把握時間，從現在開始做起吧！

抓住時間這個賊

成功金言

在世界上我們只活一次，所以應該愛惜光陰。必須過真實的生活，過有價值的生活。

時間摸不著，看不到，你可以隨意擺布時間，但同時你也會得到更多的懲罰。年年歲歲花相似，歲歲年年人不同，希望我們每個人都能記住：莫等閒，白了少年頭！

時間是個賊，它偷光你所有的純真夢想和希望，它把你的青春猖狂的從你手中搶走，你不能反抗不能申訴，只能眼睜睜的看著它帶著你熟悉的本來是你的東西一秒一秒的遠離你，而你無論怎樣的奔跑都只能和你當初

擁有的一切越來越遠。

當你每天回到家的時候，你總覺得若有所失，你丟了什麼？你發現你什麼也沒有丟，你四下裡檢查，什麼東西都在。其實，你確實丟了東西，你丟了生命的一部分：時間。

是誰偷走了你的生命？你不知不覺間，就失去了青春，失去了活力，失去了成功的機會。你突然發現，你已經耄耋老矣。

時間是個賊，他偷走了你的年華，偷走了你的夢想，偷走了你可能擁有的一切。這時候，你才恍然大悟，你沒有抓住時間這個賊，你就什麼也沒有得到。

兩個獵人一同打獵。

天空中一群大雁飛來，二人急忙張弓搭箭，準備把牠們射落下來。

忽然，一個獵人說：

「哦呀，夥計，你看這群大雁好肥呀，打下來煮著吃，滋味一定不錯。」

另一個獵人聽了，把舉著弓箭的手放下來，說：「不，還是烤來吃好，烤雁又香、又酥。」

兩個人各持各的意見，爭吵起來。後來請人來評判，才找到一個解決的辦法：把大雁一半煮來吃，一半烤來吃。爭吵停止了，這才重新張弓搭箭，再去射雁。可是，那群大雁早就離開了，飛得不知去向了。

這兩個獵人，到手的大雁也沒吃成。他們犯了什麼錯誤？

沒有提防時間這個賊。是時間偷走了獵人嘴皮下的大雁。

誰抓住了時間這個賊，誰就抓住了生命中的一切。

你要想獲得生命的成功，你就必須保持百倍的警惕，不要讓時間偷走

了你的生命。你的生命一定要努力，抓住了時間，你的生命就延長了。你就可能獲得成功。

怎樣才能抓住時間這個賊呢？以下是幾種有效的方法：

第一，把你的生活組織起來，制定一個生活、工作、學習、休閒時間表。

第二，按照時間表開始生活。

第三，培養決斷力，下決心採取「從現在開始做」的態度，對待每一件事情。

第四，寫下已經拖延很久的事情，定下補做的時間。

第五，不要給時間留下空白。

如果你能照著這樣做，你就能逮住時間，你就會非常驚訝的發現，你實際上可以做很多事情，而過去竟然常常說：我沒有時間。原來時間被偷走了，你沒有發現。把每天的時間都進行登記，按照生活的習慣作出合理的安排，那麼，你就不會遺失自己的生命，就會在有限的時間裡做自己想做的事情，你就能獲得成功。

時間就是金錢

成功金言

你熱愛生命嗎？那麼別浪費時間，因為時間是組成生命的材料。

「一寸光陰一寸金，寸金難買寸光陰。」切記：時間就是金錢。

在富蘭克林報社前面的商店裡，一位猶豫了將近一個小時的男人終於

開口問店員：「這本書多少錢？」

「一美元。」店員回答。

「一美元？」這人又問，「你能不能少要點？」

「它的價格就是一美元。」沒有別的回答。這位顧客又看了一會，然後問：「富蘭克林先生在嗎？」

「在，」店員回答，「他在印刷室忙著呢。」

「那好，我要見見他。」這個人堅持一定要見富蘭克林，於是，富蘭克林就被找了出來。

這個人問：「富蘭克林先生，這本書你能出的最低價格是多少？」

「一點二五美元。」富蘭克林不假思索的回答。

「一點二五美元？你的店員剛才還說一美元一本呢！」

「這沒錯，」富蘭克林說，「但是，我情願倒給你一美元也不願意離開我的工作。」

這位顧客驚異了。他心想，算了，結束這場自己引起的談判吧，他說：「好，這樣，你說這本書最少要多少錢吧。」

「一點五美元。」

「又變成一點五美元？你剛才不還說一點二五美元嗎？」

「對。」富蘭克林冷冷的說，「我現在能出的最好價錢就是一點五美元。」這人默默的把錢放到櫃檯上，拿起書出去了。這位著名的物理學家和政治家給他上了終生難忘的一課：對於有志者，時間就是金錢。

「你熱愛生命嗎？那麼別浪費時間，因為時間是組成生命的材料。」

「記住，時間就是金錢。假如說，一個每天能賺十元的人，玩了半天，或躺在沙發上：消磨了半天，他以為他在娛樂上僅僅花了六元而已。

不對！他還失去了他本可以獲得的四元……記住，金錢就其本性來說，決不是不能升值的。錢能生錢，而且它的子孫還會有更多的子孫……誰殺死一頭生育的豬，那就是消滅了牠的子孫萬代，如果誰毀掉了五元的錢，那就是毀掉了它所能產生的一切，也就是說，毀掉了一座金山。」

這是為成功學大師所普遍推崇的美國著名的思想家班傑明·富蘭克林的一段名言。它通俗而又直接的闡釋了這樣一個道理：如果想成功，必須重視時間的價值。

做人要惜時，做事要守時。塑造自己的形象，現代人離不開時間觀念。合理安排自己的時間，有效利用自己的時間，守時、惜時、不拖延。時間一去不復返，充分利用莫等閒。

全世界的目光只會聚焦在第一名的身上。冠軍才是真正的成功者！

在非洲的大草原上，一天早晨，曙光剛剛劃破夜空，一隻羚羊從睡夢中猛然驚醒。

「趕快跑。如果慢了，就可能被獅子吃掉！」

於是，起身就跑，向著太陽飛奔而去。

就在羚羊醒來的同時，一隻獅子也驚醒了。

「趕快跑。如果慢了，就可能會被餓死！」

於是，起身就跑，也向著太陽奔去。

誰快誰就贏，誰快誰生存。一個是自然界萬獸之王，一個是草食的羚羊，等級差異，實力懸殊，但生存卻面臨同一個問題 —— 如果羚羊快，獅子就餓死；如果獅子快，羚羊就會被吃掉。

貝爾在研發電話時，另一個叫格雷的也在研究。兩人同時取得突破。但貝爾在專利局贏了 —— 比格雷早了兩個鐘頭。

當然，他們兩人當時是不知道對方的，但貝爾就因為這一百二十分鐘而一舉成名，譽滿天下，同時也獲得了巨大的財富。

誰快誰贏得機會，誰快誰贏得財富。

無論相差只是一公分還是一秒鐘 —— 毫釐之差，天淵之別！

在競技場上，冠軍與亞軍的區別，有時小到肉眼無法判斷。比如短跑，第一名與第二名有時相差僅零點一秒；又比如賽馬，第一匹馬與第二匹馬相差僅半個馬鼻子（幾公分）……

但是，冠軍與亞軍所獲得的榮譽與財富卻相差天地之遠。

時間的「量」是不會變的，但「質」卻不同。關鍵時刻一秒值萬金。

難道非要等到時日不多，才能意識到生命的可貴？

「浪費時間等於謀財害命。」

一天，在一位醫生擁擠的候診室裡，一位老人突然站起來走向值班護士。「小姐，」他彬彬有禮，一本正經的說，「我預約的時間是三點，而現在已經是四點，我不能再等下去了，請給我重新預約，改天看病吧！」

兩個婦女在旁邊議論說：「他肯定至少是八十歲了，他現在還會有什麼要緊的事？」

那老人轉向她們說：「我今年八十八歲了，這就是為什麼我不能浪費一分一秒的原因。」

拿破崙・希爾指出：利用好時間是非常重要的，一天的時間如果不好好規劃一下，就會白白浪費掉，就會消失得無影無蹤，我們就會一無所成。經驗表明，成功與失敗的界線在於怎樣分配時間，怎樣安排時間。人們往往認為，這裡幾分鐘，那裡幾小時沒什麼用，但它們的作用很大。

但是大部分的人卻總是在抱怨他們的時間不夠多，事情做不完。

對每個成功的人來說，時間管理是很重要的一環。時間是最重要的資產，每一分每一秒逝去之後再也不會回頭，問題是如何有效的利用你的時間呢？

研究時間管理之道，首先必須知道，一個小時沒有六十分鐘。事實上，一個小時內只有利用到的那幾分鐘而已。

大家一天要浪費幾個小時呢？如果真想知道，不妨來做一個實驗。首先，找一份行事曆，把每一天劃分成三個小時的區域。然後再把每個小時劃成六十分鐘的小格。在這整個星期裡面，隨時把所做的事情記錄在劃分的表格中，連續做一個星期試試看，再回頭來檢查一下行事曆，就會發現，由於拖延和管理不良，浪費了多少寶貴的光陰。

當人們了解到是如何在使用時間之後，再回頭重做一次實驗。這一次多用點心來計畫時間，把需要做及想要做的事仔細安排進你的時間表，再看效率是否會好一點。

記住一件事，時間是唯一可以賣給他人或自己的東西，對時間的利用率越高，就越可以靠他賣得好價錢。

有效的利用每一分鐘

成功金言

上帝是公平的，不管是誰，每個人一天的時間都是相同的，你可以過得很從容，你也可以把自己弄得凌亂不堪，「沒有時間」絕對不是藉口，那是你自己的選擇。更好的利用時間，我們就能獲得更多的機會。

　　有句話說得好：「有效的時間管理，就是一種追求改變和學習的過程。」要想贏得時間，首先必須明瞭時間是怎樣被耗費的。而要想知道時間的耗費情況，又必須先記錄時間。我們應該養成勤於記錄時間消耗的習慣。辦法是在做完一件事之後，立即記錄下所耗費的時間，每天一小結，連續記一週、兩週或一個月，然後進行一次總體分析，看看自己的時間究竟用到什麼地方，從中找出浪費時間的原因。專家研究證明，凡是這樣做的人，對於節省時間、提高效率，效果甚大。現在人們常常把「應該」花費的時間，看成是實際已經花費的時間，而這兩者往往是不相等的兩個量。如果人們問一位領導者：「您今天上午做了什麼，花了多少時間？」答曰：「起草報告花了三小時。」其實，在這三小時中，他喝茶，抽菸花費了十八分鐘，中途休息了兩次，花費了二十三分鐘，與同事聊天，花費了二十七分鐘，接三次電話，花費了五分鐘，這樣總共花費了七十三分鐘，實際上真正用於起草報告的時間只有一小時四十七分鐘。可見浪費時間是多麼驚人。因此，進行時間消耗記錄，對時間使用進行統計分析，對於每個人提高時間利用率，是一件十分重要的工作。

　　合理安排自己的閒暇時間，對人生是一種豐富，對事業是一種催化。

　　一個人的閒暇時間一生中能有多少呢？這些年的閒暇時間往往可以造就一個人，也可以毀掉一個人。

　　時間無限，生命有限。在有限的生命裡懂得把時間拉長的人就擁有了更多做事情的本錢。

　　人的生命是有時限的。

　　偉人們所到達並保持著高度，並不是一飛就到，而是他們在同伴們都睡著的時候，在夜裡辛苦的往上攀登……

時間是雙重性格的東西，最長也是最短，最慢也是最快，最小也是最大。

據說，偉大的所羅門王有一天晚上做了一個夢。一位先生在夢裡告訴他一句話，這句話涵蓋了人類的所有智慧，讓他高興的時候不會忘乎所以，憂傷的時候能夠自拔，始終保持勤勉，兢兢業業。但是，醒來後卻怎麼也想不起那句話來，於是他召來了最有智慧的幾位老臣，向他們說了那個夢，要他們把那句話想出來。並拿出一顆大鑽戒，說：

「如果想出那句話來，就把它鐫刻在戒面。我要把這顆戒指天天戴在手上。」

一個星期後，幾位老臣來送還鑽戒。戒面上已刻上了一句簡單的話：

「這也會過去。」

時間像是海綿，要靠一點一點擠；時間更像邊角料，要學會合理利用，一點一滴的累計，會得到長長的時間。

英國文學史上著名女作家艾米莉・布蘭德在年輕的時候，除了寫作小說，還要承擔全家繁重的家事勞動，例如烤麵包、做菜、洗衣服等。她在廚房勞動的時候，每次都隨身攜帶鉛筆和紙張，一有空隙，就立刻把腦子裡湧現出來的思想寫下去，然後再繼續做飯。

著名美國作家傑克・倫敦的房間，有一種獨一無二的裝飾品，那就是窗簾上、衣架上、櫃櫥上、床頭上、鏡子上、牆上……到處貼滿了各色各樣的小紙條。傑克・倫敦非常偏愛這些紙條，幾乎和它們形影不離。這些小紙條上面寫滿各種各樣的文字：有美妙的詞彙，有生動的比喻，有五花八門的資料。傑克・倫敦從來都不願讓時間白白的從他眼皮底下溜過去。睡覺前，他默念著貼在床頭的小紙條；第二天早晨一覺醒來，他一邊穿

衣，一邊讀著牆上的小紙條；洗臉時，鏡子上的小紙條為他提供了方便；在踱步、休息時，他可以到處找到啟動創作靈感的語彙和資料。不僅在家裡是這樣，外出的時候，傑克·倫敦也不輕易放過閒暇的一分一秒。出門時，他早已把小紙條裝在衣袋裡，隨時都可以掏出來看一看，想一想。

累積時間就像存錢一樣，想一下子就存大錢，容易有挫折感。應該每天存一點點，十元也好，二十元也好，慢慢存下去，不久後就會變成大錢了。

只要能夠養成珍惜每一刻而去努力的習慣，這樣累積下去，就會產生出好的結果來。

按重要性做事，更能有效利用時間

> **成功金言**
>
> 時間是世界上一切成就的土壤。時間給空想者痛苦，給創造者幸福。

人們有個不按重要性順序做事的傾向。多數人寧可做令人愉快或是方便的事。但是沒有其他辦法比按重要性做事更能有效利用時間了。

做事之前，應該清楚的知道，什麼是自己該忙的。在現實生活中，許多不善於利用時間的人在處理日常生活的各方各面時分不清哪個更重要，哪個更緊急時常左右為難。這正如法國哲學家布萊斯·巴斯卡所說：「把什麼放在第一位，是人們最難懂得的。」對許多人來說，這句話不幸被言中，他們完全不知道怎樣把人生的任務和責任按其重要性排列。

　　當然，人生有許多推不開的負擔，但是，在這些負擔中，有許多是不必要的。由於貪多、太求全、太急切而使自己顧此失彼。

　　實際上，懂得有效利用時間的人都是明白輕重緩急的道理的，他們在處理一年或一個月、一天的事情之前，總是按分清主次的辦法來安排自己的時間。

　　伯利恆鋼鐵公司總裁查爾斯・舒瓦普承認曾會見過效率專家艾維・利。會見時，利說自己的公司能幫助舒瓦普把他的鋼鐵公司管理得更好。舒瓦普承認他自己懂得如何管理但事實上公司不盡如人意。可是他說需要的不是更多知識，而是更多行動。他說：「應該做什麼，我們自己是清楚的。如果你能告訴我們如何更好的執行計畫，我聽你的，在合理範圍之內價錢由你定。」

　　利說可以在十分鐘內給舒瓦普一樣東西，這東西能把他公司的業績至少提高百分之五十。然後他遞給舒瓦普一張空白紙，說：「在這張紙上寫下你明天要做的六件最重要的事。」

　　過了一會又說：「現在用數字標明每件事情對於你和你的公司的重要性順序。」這花了大約五分鐘。利接著說：「現在把這張紙放進口袋。明天早上第一件事是把紙條拿出來，做第一項。不要看其他的，只看第一項。著手辦第一件事，直至完成為止。然後用同樣方法對待第二項、第三項……直到你下班為止。如果你只做完第五件事，那不要緊。你總是做著最重要的事情。不疑之後，叫你公司的人也這樣做。這個試驗你愛做多久就做多久，然後再寄支票給我，你認為值多少就給我多少。」

　　整個會見歷時不到半個鐘頭。幾個星期之後，舒瓦普給艾維・利寄去一張兩萬五千元的支票，還有一封信。信上說從錢的觀點看，那是他一生

中最有價值的一課。後來有人說，五年之後，這個當年不為人知的小鋼鐵廠一躍而成為世界上最大的獨立鋼鐵廠，利提出的方法功不可沒。這個方法還為查爾斯‧舒瓦普賺得一億美元。

十八世紀的法國博物學家布本定居巴黎後，社交活動很繁忙。為了不影響學術研究這個重要的工作，他嚴格執行自己規定的工作時刻表，抓住高效時間工作，為此布本專門請了一個剽悍的僕人來監督自己，並且約好：如果布本不起床，僕人就可把他拖到地板上；如果布本發脾氣，就可以對他用武力。有時他赴宴會，直到半夜兩點多鐘才回家，一到凌晨五點，也得按時起床，否則僕人就可按約行事。布本嚴格執行自己的規定，在高效時間裡大顯身手，一直工作到晚上六點多鐘。

據一位著名學者多次對人腦進行腦功能的測試後發現，上午八時大腦具有嚴謹、周密的思考能力，下午二時思考能力最敏捷，而下午八時卻是記憶力最強的時候。但邏輯推理能力在白天 20 小時內卻是逐步減弱的。基於以上測試結果，早晨處理比較嚴謹、周密的工作，下午做那些需要快速完成的工作，晚上可做一些需要加深記憶的事，對於這些做某項工作效率最佳的時間，更要加倍「珍惜」，是一點「耗費」不得的。

美國著名鐵路建築技師海力門指出：「個人的一些成功，是精力旺盛所致。」當興趣上來，對一些問題的研究計算，比平常沒興趣時要精確得多。很多中外成功者的經驗說明，要取得較好的學習和工作效果，除了要有強烈的進取心和堅忍不拔的毅力以外，還必須善於利用人體「生物時鐘」刻度上的最佳時間。

把一天的時間安排好，這是很關鍵的。這樣可以每時每刻集中精力處理要做的事。但把一週、一個月、一年的時間安排好，也是同樣重要的。

這樣做給你一個整體方向，使你看到自己的宏圖，從而有助於你合理有效的利用時間。

把今天留住

一位名人說過，昨天是一張過期的支票，明天是一張尚未兌現的期票，只有今天才是可以流通的現金。只有今天才是我們唯一可以利用的時間，好好珍惜今日，善加利用吧。

讀這樣一則故事，對我們也有一定的啟發：

在森林裡，陽光明媚，鳥兒歡快的歌唱著，辛勤的勞動著。其中有一隻寒號鳥，有著一身漂亮的羽毛和嘹亮的歌喉，便到處去賣弄自己的羽毛和歌聲。看到別人辛勤的勞動，反而嘲笑不已。好心的百靈鳥提醒牠說：「寒號鳥，快築個窩吧！不然冬天來了，你怎麼過呢？」

寒號鳥輕蔑的說：「冬天還早呢，著什麼急呢！趁著現在的大好時光，快快樂樂的玩吧！」

就這樣，日復一日，冬天眨眼就來了。鳥兒們晚上都在自己暖和的窩裡安然的休息，而寒號鳥卻在夜間的寒風裡，凍得瑟瑟發抖，用美妙的歌喉悔恨過去，哀叫未來。

第二天太陽出來了，萬物甦醒了。沐浴在陽光中，寒號鳥好不愜意，完全忘記了昨天夜裡被凍的痛苦，又快樂的歌唱起來。

有鳥兒勸牠：「快築窩吧！不然晚上又要發抖了。」

寒號鳥嘲笑說：「不會享受的傢伙。」

寒冷的夜晚又來臨了，寒號鳥又重複著昨天晚上一樣的故事，就這樣重複了幾個晚上，大雪突然降臨，鳥兒們奇怪寒號鳥怎麼不發出叫聲了呢？太陽一出來，大家才發現，寒號鳥早已被凍死了。

「明日復明日，明日何其多？我生待明日，萬事成蹉跎。」今天你把事情推到明天，明天你又把事情推到後天，一而再，再而三，事情永遠沒個完。只有那些善待今日的人，才會在「今天」奠定成大事的基石，孕育「明天」的希望。

每個人從生到死的時間都是差不多的，但是，在相同的時間裡，有些人能夠做很多事情，效率很高，而另一些人卻只能做極少的事情，沒有成就。原因就是因為他們不懂得珍惜時間，沒有養成時間的好習慣。

時間是平凡而常見的，它從早到晚都在運行，無聲無息的，一分一秒的運行著。而時間又是寶貴的，是每個人生命中最寶貴的東西。

人們要成大事，首先要利用好自己的時間，養成合理利用時間的好習慣，因為良好的時間習慣對你的一生有無窮的回報。

時間就是金錢，只有重視時間，才能獲取人生的成功。

巴爾札克說：「時間是人的財富、全部財富，正如時間是國家的財富一樣，因為任何財富都是時間與行動之後的成果，巴爾札克是怎樣珍惜和利用時間的呢？讓我們看看巴爾札克普通一天的生活吧：

午夜，牆上的掛鐘敲了十二響，巴爾札克準時從睡夢中醒來，他點起蠟燭，洗一把臉，開始了一天的工作。這是最寧靜的時刻，既不會有人來打擾，也不會有債主來催帳，正是他寫作的黃金時間。

　　準備工作開始了，他把紙、筆、墨水都放在適當的位置上，這是為了不要在寫作時有什麼事情打斷自己的思路。他又把一個小記事本放到書桌的左上角，上面記著章節的結構提綱。他再把為數極少的幾本書整理一下，因為大多數書籍資料都早已裝在他腦子裡了。

　　巴爾札克開始寫作了。房間裡只聽見奮筆疾書的「沙沙」聲。他很少停筆，有時累得手指麻木，太陽穴激烈的跳動，他也不肯休息，喝上一杯濃咖啡，振作一下精神，又繼續寫下去。

　　早晨八點鐘了，巴爾札克草草吃完早餐，洗個澡，緊接著就處理日常事務。印刷所的人來取墨跡未乾的稿子，同時送來幾天前的清樣，巴爾札克趕緊修改稿樣。稿樣上的空白被填滿了密密的字跡，正面寫不下就寫到反面去，反面也擠不下了，就再加上張白紙，直到他覺得對任何一個詞都再挑不出毛病時才停手。

　　修改稿樣的工作一直進行到中午十二點。整個下午的時間，他用來摘記備忘錄和寫信，在信上和朋友們探討藝術上的問題。

　　吃過晚餐，他要對晚餐以前的一切略作總結，更重要的是，對明天要寫的章節進行細緻縝密的推敲，這是他寫作中一個非常重要的環節，一個必不可少的步驟。晚上八點，他放下了一切工作，按時睡下了。

　　這普通的一天，只是巴爾札克幾十年間寫作生活的一個縮影。從此，我們不難看出一個人要想取得成就，就必須養成珍惜時間的習慣，因為時間是走向成功的保證。

　　有許多人生活了多年還沒弄清時間的價值。其實，我們每個人的時間都是有限的，而且再也不會增加了。然而，我們卻可以掌握對時間的需求，並更有效的利用我們能夠自由支配的時間。

誰掌管著我們能自由支配的時間？通常來說，你的時間是根本不自由的。因為你把自己緊緊束縛在別人的議事日程上，盲目的追隨著，繁雜的事務，不管它對你是不是有益處。

為了避免這種現象，你必須管理好你的生活 —— 也就是管理好你的時間。你要向那些浪費時間的壞習慣挑戰。下面就針對十種浪費時間的壞習慣，向你提出改進的建議。

(1) 如何支配贏得的時間。

如果你按本書中所有的建議去做，會省下很多時間。你每天至少可以獲得一兩個小時的時間另做它用。那麼當你擁有這些額外的時間之後，你該怎麼運用呢？這是一個很重要的問題，因為如果你不珍惜時間，你的大部分時間也會在不知不覺中消失浪費掉。

因此，你要把握好自己所節省下來的時間並合理支配。最好制定一個計畫來運用這些時間，並分配一定時間用於娛樂方面，去做一些使你更接近於你個人及職業目標的活動。你只有以相當的毅力才能贏得這些寶貴的時間，所以一定要運用得當。

(2) 每天做好計畫。

沒有哪一位足球教練不在賽前向隊員細緻周密的講解比賽的安排和戰術。而且事先的某些計畫也並非一成不變，隨著比賽的進行，教練會根據賽情作某些調整。重要的是，開始前一定要做好計畫。

你最好為你的每一天和每一週訂個計畫，否則你就只能被迫按照不時放在你桌上的東西去分配你的時間，也就是說，你完全由別人的行動決定你做事的優先與輕重順序。這樣你將會發覺你犯了一個嚴重錯誤 —— 每

天只是在應付問題。

為你的每一天定出一個大概的工作計畫與時間表，尤其要特別重視你當天應該完成的兩三項主要工作。其中一項應該是使你更接近你雖重要目標之一的行動。在星期四或星期五，照著這個辦法為下個星期作同樣的計畫。

請記住，沒有任何東西比事前的計畫能促使你把時間更好的集中運用到有效的活動上來。研究結果證實了一個反比定理：當你做一項工作之時，你花在制定計畫上的時間越多，做這項工作所用的時間就會越少。不要讓一天繁忙的工作把你的計畫時間表打亂。

(3) 按日程表行事。

為了更好的實施你的計畫，建議你每天保持兩種工作表，而且最好在同一張紙上。這樣一目了然，也便於比較。

在紙的一邊或在你的記事本上列出某幾段特定時間要做的事情，如開會、約會等。在紙的另一邊列出你「待做」的事項 —— 把你計畫要在一天完成的每一件事情都列出來。然後再審視一番，排定優先順序。表上最重要的事項標上特別記號。因此，你要排出一、二段特定的時間來辦理。如果時間允許，再按優先順序盡量做完其他工作。不要事無鉅細的平均支配時間，要留有足夠的時間來彈性處理突發事項，否則你會因小失大完不成主要工作。

「待做事項表」有一項很大的特點，那就是我們通常根據事情的緊急程度來排定。它包括需要立刻加以注意的事項，其中有些很重要，有些並不重要，但是它有一個缺陷，通常不包括那些重要卻不緊急的事項，諸如你要完成但沒有人催你的長遠計畫中的事項和重要的改進專案。

因此，在列出每天「待做事項表」時，你一定要花一些時間來審閱你的「目標表」，看看你現在所做的事情是不是有利於你要達到主要的目標，是否與其一致。

在結束每一天工作的時候，你很可能沒有做完「待做事項表」中的事項，不要因此而心煩。如果你已經按照優先順序完成了其中幾項主要的工作，這正是時間管制所要求的。

不過這裡有一項忠告：如果你把一項工作（它可能並不十分重要）從一天的「待做事項表」上移到另一天的工作表上，且不只是一兩次，這表明你可能是在拖延此事。這時你要向自己承認，你是在打馬虎眼，你就不要再拖延下去了，而應立即想出處理辦法並著手去做。

你最好在每天下班前幾分鐘擬定第二天的工作日程表。對於那些成功的高級經理人員來講，這個方法是他們做有效的時間管理計畫時最常用的一個。如果拖到第二天上午再列工作計畫表，那就容易做得很草率，因為那時又面臨新的一天的工作壓力。這種情況下排定的工作表上所列的常常只是緊急事務，而漏掉了重要卻不一定是最緊急的事項。

帕金森教授說得不錯，紛繁的工作會占滿所有的時間。

避免帕金森定律產生作用的辦法似乎很明顯：為某一工作定出較短的時間，也就是說，不要將工作戰線拉得太長，這樣你就會很快的把它完成。這就是你為什麼要定出每日工作計畫的目的所在。沒有這樣的計畫，你對待那些困難或者輕鬆的工作就會產生惰性，因為沒有期限或者由於期限較長，你感覺可以以後再說。如果你只從工作而不是從可用時間上去著想，就會陷入一種過度追求完美的危機之中。你會巨細不分，且又安慰自己已經把某項次要工作做得很完美，這樣做的結果只能是主要目標

落空了。

第 4 章 管好時間

第 5 章 打開思路

只要改變想法，就能改變人生。

—— 成功學大師卡內基

拋棄你的「一根筋」

美國的知名政治家斯特拉曾說：「對自己而言，最重要的不是別人如何看待你，而是你如何看待他們。」

有一種魚叫馬加魚，長得很漂亮，銀膚燕尾大眼睛，平時生活在深海中，春夏之交溯流產卵，隨著海潮漂流到淺海。

漁民捕捉馬加魚的方法挺簡單：用一個孔目粗疏的竹簾，下端繫上鐵，放入水中，由兩隻小艇拖著，攔截魚群。馬加魚的「個性」很強，不愛轉彎，即使闖入羅網之中也不會停止。所以一隻隻馬加魚「前赴後繼」的陷入竹簾孔中，簾孔隨之緊縮。竹簾縮得越緊，馬加魚越憤怒，牠們更加拼命往前衝，結果就會被牢牢卡死，最終被漁民所捕獲。

當我們遇到複雜的事情時，不可總是一味的固執己見，或無法應對時就束手無策、坐以待斃。其實只要靈活變通，腦子轉快些，靈活點，別「一條路跑到天黑」，就可以很好的解決問題。

古時候，有兩個和尚決定從一座廟走到另一座廟，他們走了一段路之後，遇到了一條河，由於一陣豪雨，河上的橋被沖走了，但河水已退，他們知道可以涉水而過。

這時，一位漂亮的婦人正好走到河邊。她說有急事必須過河，但她怕

被河水沖走。

第一個和尚立刻背起婦人，涉水過河，把她安全送到對岸。第二個和尚接著也順利渡河。

兩個和尚默不作聲的走了好幾里路。

第二個和尚突然對第一個和尚說：「我們和尚是絕對不能近女色的，剛才你為何犯戒背那婦人過河呢？」

第一個和尚淡淡回答：「我在好幾里路之前就把她放下來了，可是我看你到現在還背著她呢！」

這個故事告誡我們，要學習第一個和尚勇於任事的行為，而不要像第二個和尚，那麼輕易就被一個成規束縛住了。

有句古話：「伸縮進退變化，聖人之道也。」所以，大凡一個在事業上有所成就的人，必定是一個善於駕馭時勢的人。

變通是生活中不可缺少的智慧。有時候我們需要執著，但執著不是固執。做人不能太固執，要靈活變通。善於靈活變通者，將對手也能變為朋友，這就等於為自己的未來添了一條路。因此，要變通你的思路和你的態度，不要總是死腦筋。

我們在日常生活和工作上產生的人際關係也是如此，死腦筋不但不利於合作，還影響工作效果。工作上的交往不同於個人選擇摯友良朋，應該從工作的層面上考慮，盡量做好彼此的合作。這種合作，是比較寬泛和寬容的。

任何人都有自己的思想、習慣及愛好，如果在與他人合作中，過度強調對方行為性格中與自己的不同之處，就會因為這些微小的隔閡而引起溝通上的障礙，產生好惡，從而影響合作。

許多成功人士一生不敗，關鍵就在於用活了為人處事的變通之道，進退之時，俯仰之間，都超人一等，讓左右暗自佩服，以之為師。

學會為人處世變通之道是決定你能否從人群中挺立起來的第一關鍵；反之，凡不知為人處世變通之道者，一定會在許多重要時刻碰得頭破血流，跌入失敗之境。

兩個探險家在林中狩獵時，一頭凶猛的獅子突然跳到他們面前。「保持鎮靜」，第一個探險家悄悄的說，「你還記得我們看過的那本關於野生動物的書嗎？那書上說，如果你非常冷靜的站著別動，兩眼緊盯著獅子的眼睛，那牠就會轉身跑開的。」「書上是那麼寫的，」他的同伴說，「你看過這本書，我也看過，可是這頭獅子看過嗎？」

如果這兩個探險家真的兩眼緊盯著獅子的眼睛的話，後果肯定只有一個。因此從這個故事中我們知道，無論是學習、做人還是做事都應該學會應變，學會變通，不可太形上學。

如果學會變通，遇到事情時對自己說「總會有別的辦法可以辦到」。那麼，做事就會更順利。

現在每年有許多家新公司獲准成立，可是幾年以後，只有一小部分仍然繼續營運。那些半路退出的人會這麼說：「競爭實在是太激烈了，只好退出為妙。」其實，失敗固然有種種理由，但根本的一條是鑽進了困難的牛角尖而不知自拔，在困惑的黑暗中找不到解決問題的方法。而成功者的祕訣往往是隨時檢查自己的選擇是否正確，然後合理性的調整目標，放棄無謂的固執，然後輕輕鬆鬆的走向目標。這也就是所謂的變通是成功路上的一條捷徑。

在像永動機一類事情上，如果一味的堅持，而不去檢查自己的想法到

底是否是正確的，那麼這個堅持即是無謂的執著，是不知變通的愚昧，因此，當我們在工作和生活中處理這類事件時，一定要知難而退，見好就收，不做無謂的犧牲，因為錯誤的決定，只能讓你南轅而北轍，離真理之路越來越遠，即使是付出百倍的艱辛，也很難達到目標。

做人要學會用「變」，要知「變通」之要領。當你遇到阻力而停滯不前，或因困難阻礙難行時，就要靈活變化一下方向，把阻力變成推你前進的動力。正所謂「低頭也是一種智慧」，低頭不是對人臣服，而是一種靈活變通的智慧，是調整狀態，相機而動。所以你一定要拋棄你的「一根筋」。

避免中規中矩的做事方法

成功金言

中規中矩並不能保證我們做事不出差錯，事物每天在變化，我們只有突破傳統思考方式、不斷尋找機會，才能圓滿完成自己的任務。

有一個哲學家說：「唯有變化才是永恆的。」隨著時間的流逝，世界必然會發生變化。當環境發生改變時，一定要反省自己：我變了沒有？為什麼有的人能夠青出於藍而勝於藍，長江後浪推前浪，原因就是因為他們在新的關係中有了發展和變化。在新的環境中，他們自身有著無可替代的優勢。如果你一成不變，那麼肯定不能在社會裡從容自如的生活。

從前有個讀書人，不管做什麼事情，都中規中矩，喜歡引經據典，並堅信古訓不可違。有一天，他家失火了，他嫂子氣喘吁吁的對他說：「速，

速！速喊你哥哥救火，他在隔壁李老爺家下棋。」讀書人出了大門。自言自語道：「嫂嫂叫我速速，聖賢書上不是說過『欲速則不達』嗎，我豈能速！」於是，他慢慢吞吞的走到了王老爺家，一見哥哥正在興高采烈的下棋，便默默的立在哥哥身旁觀棋。等到一局下完了，他才說道：「哥哥，家中失火，嫂子叫你馬上回去救火！」

他哥哥一聽，氣得渾身發抖，罵道：「你在這裡待了半天，為什麼不早說？」讀書人指著棋盤上的字說：「兄不見此棋盤上明明寫著『觀棋不語真君子』嗎！」他哥哥見他還在假斯文，舉起拳頭要打他，但又縮了回來。他見哥哥縮回拳頭，反而把臉湊了過去，說道：「哥哥，你打吧！棋盤上不是明明寫著『舉手無回大丈夫』，你怎麼又把手縮回去了呢？」

故事中的這個讀書人十分可笑，他也就是我們常說的書呆子，這種人做起事來不去思考該怎麼辦，只會中規中矩的「照章做事」，結果不是鬧笑話，就是惹麻煩，總之很難有什麼作為。

李維是個年輕的小夥子，人品很不錯，做起事來中規中矩，但不知為什麼在生活中卻總是碰壁。先說找工作的事吧，現在大學生就業普遍存在困難，所以很多學生從大四就開始找工作，大型的人才徵才活動一般也都安排在每年的三四月分，這位小夥子卻認為找工作是畢業後的事，於是當同學們到處面試時，他還在抱著聖賢書；同學們紛紛簽約時，他還在忙著準備畢業論文，等到九月分畢業證書到手後，他開始準備找工作了，可已經沒有什麼好公司在招聘了，他只好去了一家小公司。

李維的戀愛也是一波三折，他喜歡上了公司的一個女同事，準備向她表白時，一個消息靈通的同事告訴他一個情報：這女孩不喜歡花，改送別的小禮物吧！小夥子猶豫了一下，卻還是決定送紅玫瑰，原因很簡單：依

照慣例，求愛就應該送花。結果女孩勉強收下了花，卻因為出疹子幾天沒來上班，原來她有嚴重的花粉過敏症，當然兩人的好事也就不了了之了。

這個小夥子錯就錯在不該依據所謂的慣例來思考問題，因為世界上沒有什麼是一成不變的。如果你養成了循規蹈矩的思維習慣，死抱著既有的套路不放，那你就會成為習慣的犧牲品。

循規蹈矩的人也沒有什麼錯，但他們的那種做事的態度與方法不一定能適應複雜多變的現實。面對現在競爭激烈的社會，老是想著以前怎麼樣是行不通的，要多看看現在，你變了沒有。因為只有擁有創新能力才會有核心競爭力。大多數成就大事的人大多具有標新立異的特點，他們能從別人看來幾乎是金科玉律的做法中發現不足之處，然後仔細分析，加以改正，並因此獲得令人羨慕的機會。這種人應該成為我們學習的榜樣。

日本知名的企業家通口俊夫領導的企業執醫藥界的牛耳，分店遍布。然而當初剛剛開始經營時，他也曾遭到嚴重的瓶頸。創業初期，他沿著鐵路沿線開了三家店，但是生意卻非常差。這一天，他垂頭喪氣的從店中出來，坐上火車回家。「怎麼辦呢？店裡的生意這麼差，就快要撐不下去了！」通口先生心裡嘀咕著。坐在前排的幾個小學生的嬉笑聲，打斷了他的懊惱。他抬起眼來往前看了一看，目光被一個孩子手上掄轉的三角板給吸引住了。「是了，我的三家店位於同一條直線之上，所以有效客源無法集中，應該要呈三角鼎立，如此三點連線起來，就能確保中間的客源了。」不久，他關閉了兩家店，另外又開了兩家新店，三家店鼎足而立。果然，過了沒多久，業績直線上升。通口先生用這種三角經營法陸續的開了上千家分店，成了知名的企業。

所以，遇到阻礙時，應該仔細反轉的推敲思考，找出問題真正的關鍵

所在。在不為人知的一個角落裡，永遠藏著一個邁向光明的出口，等待聰明人去發現。這就是通口俊夫給我們的啟示。

固有的思維模式和思維習慣有可能會給我們心裡製造更高的柵欄，就像今天有成千上萬的推銷人員徘徊在路上，疲憊，消極，收入不足。於是有太多的人抱著希望踏進來，又有大批的人帶著失望走出去。為什麼？因為他們所想的一直是他們所要的，而不是讓大家知道他的服務或商品將如何能幫助民眾解決問題，為民眾帶來方便。歐文梅說：「一個能從別人的觀點來看事情，能了解別人心理活動的人，永遠不必為自己的前途擔心。」於是當第一次碰到挫折的時候也許覺得沒什麼，第二次，第三次碰到挫折的時候，他就會想懷疑自己是不是真的能做好推銷工作，於是當他第四次去推銷的時候，他事先已經在心裡給自己設置了一個心理的柵欄，那麼他絕不可能成功，因為他無法跨越心裡的障礙。因而我們要學會換一種角度看事情，出現了問題要試著打破固有的思維模式，換位思考，也許會有新的發現，會找到成功的突破點。

有一個男孩，體重不足，拒絕好的飲食，父母對他全無辦法。父親最後對自己說：「這個孩子要的是什麼？我怎樣才能把我所要的變成他所要的？」

當他開始往這方面想時，事情就容易了。這個孩子有一部三輪車，喜歡在家門口的人行道上騎來騎去。附近住著一個大男孩，常常把他拉下，把車搶去騎。每當小男孩哭叫著跑回去告訴他母親，她就會立刻出來，把那個大孩子拉下來，把他的小孩再抱上去。小孩要的是什麼？這不是明擺著嗎？他的自尊，他的憤怒，驅使他採取報復行動。而當他父親告訴他說，有一天他可以把那個大男孩打得落花流水時，他就不再偏食了。他願

意吃菠菜、泡白茶、鹹魚及任何東西，以便快點長大，把那個常羞辱他的小霸王痛揍一頓。只要你設定這樣的思路，打破固有思維帶給你的柵欄，那麼機會也許就會在不經意間惠顧你。

專門從事運動心理學研究的美國史丹佛大學教授羅伯特・克利傑在他的著作《改變遊戲規則》中指出：「在運動場上，很多選手創造佳績，都是因為他們打破了傳統的比賽方法。」傑出的運動選手普遍具有這種「改變遊戲規則」的特徵。根據羅伯特・克利傑的結論：突破傳統的思維定式可以創造意想不到的奇蹟。所以，如果你想改變命運，那就突破傳統的思路，避免中規中矩的做事方法吧！

每個人都有創造的能力

> **成功金言**
>
> 當我們面對新知識、新事物或新創意時，千萬別拒之於千里之外，應該將你的思路打開，接受新知識、新事物。一個奇妙的想法，一個小小的改變，往往會引起意料不到的效果。

縱觀商業發展的歷史，很多成功的企業，究其經營的祕訣，無不是靠推陳出新制勝。尤其是從二十世紀中後期以來，市場競爭激烈，推陳出新作為經營方法和競爭手段更是赫然在目。發展的契機總是伴隨著獨創的頭腦而來的，獨創並不是高深莫測的神祕的東西，關鍵是我們要有這種獨創的意識。

松下幸之助是由生產電插頭起家的，助創業之初，由於插頭的性能不

好，產品的銷路大受影響，不多久，他就陷入三餐難繼的困境。

一天，他身心俱疲的獨自走在路上。一對姐弟的談話，引起了他的注意。姐姐正在燙衣服，弟弟想讀書，但是那時候的插頭只有一個，用它燙衣服就不能開燈，兩者不能同時使用。弟弟吵著說：「姐姐，您不快一點開燈，我怎麼看書呀？」姐姐哄著他說：「好了，好了，我就快燙好了。」「老是說快燙好了，已經過了三十分鐘了。」姐姐和弟弟為了用電，一直吵個不停。松下幸之助想：只有一根電線，有人燙衣服，就無法開燈看書，反過來說，有人看書，就無法燙衣服，這不是太不方便了嗎？何不想出同時可以兩用的插頭呢？他認真研究這個問題，不久，他就設計出兩用插頭。試用品問世之後，很快就賣光了，訂貨的人越來越多，簡直是供不應求。他只好增加工人，也擴建了工廠。松下幸之助的事業，就此走上穩步發展的軌道，逐年發展，利潤大增。

提到創新，就會聯想到發明創造，因此有些人總是覺得神祕，很多人會馬上想到：「那是專家的事。」實際上，這種想法是十分錯誤的。在當今，創造活動已經不再是科學家、發明家的專利了，它已經深入到普通人的生活中，一般人都可以進行創造性的活動，生活、工作的各個方面都可以迸發出創造性的火花。

美國有一間牙膏公司，產品優良，包裝精美，深受廣大消費者的喜愛，營業額蒸蒸日上。記錄顯示，前十年每年的營業成長率為百分之百，令董事會雀躍萬分。不過，業績進入第十一年、第十二年及第十三年時，則停滯下來，每個月維持同樣的數字。董事會對此三年業績表現感到不滿，便召開經理級高層會議，以商討對策。

會議中，有名年輕經理站起來，對董事們說：「我手中有張紙，紙裡

有個建議，若您要使用我的建議，必須另付我五萬元！」總裁聽了很生氣說：「我每個月都支付你薪水，另有分紅、獎勵，現在叫你來開會討論，你還要另外五萬元，是否過分？」「總裁先生，請別誤會。若我的建議行不通，您可以將它丟棄，一毫錢也不必付。」年輕的經理解釋說。「好！」總裁接過那張紙後，閱畢，馬上簽了一張五萬元支票給那年輕經理。那張紙上只寫了一句話：將現有的牙膏開口擴大一毫米。總裁馬上下令更換新的包裝。試想，每天早上，每個消費者多用一毫米牙膏，每天牙膏消費量將多出多少倍呢？這個決定，使該公司第十四年的營業額增加了百分之三十二。

創造性想像力產生思想上的創意，而創意產生財富與成就。你認為你現在想做的事是正確的，並且堅定它一定可以實現的話，就勿需左顧右盼，而要勇往直前，果斷的向理想挑戰，不必理會倘若失敗會怎樣的疑問。那麼你離成功就會越來越近。

亨利‧蘭德平日非常喜歡為女兒拍照，而每一次拍完後女兒都想立刻看到父親為她拍攝的照片。於是有一次他就告訴女兒，照片必須全部拍完，等底片捲回，從照相機拿下來後，再送到暗房用特殊的藥品顯影。而且，副片完成之後，還要照射強光使之映在別的相紙上面，同時必須再經過藥品處理，一張照片才告完成，他向女兒做說明的同時，內心卻問自己說：「等等，難道沒有可能製造出『同時顯影』的照相機嗎？」對攝影稍有常識的人，聽了他的想法後都異口同聲的說：「哪裡會有可能。」並列舉一打以上的理由說：「這純屬是一個異想天開的夢。」但他卻沒有因受此批評而退縮，於是他告訴女兒的話就成為一種契機。最後，他終於不畏艱難的完成了「拍立得相機」。這種相機完全滿足了女兒的希望，因而，蘭德企

業就此誕生了。

　　成功與否在於人的「一念」之間。每個人都有創造的能力。在人與人之間，創造力只有大小之分，沒有有無之別。在每一個人的身旁都包含著你想像不到的機會和方法，只要你不斷的追求卓越，從你所看的每件事裡挖掘特點，動腦筋去創造，便能有相同的成就。

循規蹈矩只有死路一條

成功金言

滄桑變幻，人情冷暖，世事無常。宇宙是永恆的，但是世間萬物卻是變化的，「人面不知何處去，桃花依舊笑春風。」在世事的變化無常面前，只有順應變化，才能時安處順。

　　有人說：「大智大勇者為俊傑」，也有人說：「識時務者為俊傑」。何謂識時務？就是能夠認清客觀形勢或時代潮流，能夠跟著客觀形勢或時代潮流的變化而變化，因時制宜，順勢而動。因而無論古今中外，只有識時務的人才能成為時代的俊傑。反之，如果不識時務，不顧客觀條件的變化和限制，逆勢而行，盲目蠻幹，其結果只能是以雞蛋碰石頭 ── 自取滅亡，或被時代的車輪遠遠甩在後頭，最終一事無成。所以大智大勇也須靈活多變。

　　凡事都要想到別人還沒有想到的一面，方法也必須講求創新，因為人是善變的，任何一種產業都必須不斷的改良，以適應市場不斷改變的需求。

「凡事第一個去做的人是天才，第二個去做的人是庸才，第三個去做的人是蠢才。」但是，我們偏偏看到，有的人即使編號第一千萬個，即使擠破頭也改不了一窩蜂的本性。其實，想成功就應該出奇制勝，用自己獨到的眼光去發現別人未做過的事，這才是大智大勇者所為，也是成功的快捷方式。

一九四七年的冬天，在密西根州的卡索波里斯，洛厄正幫著他的父親做木屑生意。不料有一位鄰居跑進來，想向他們要一些木屑，因為她的貓房裡的沙土給凍住了，她想換一些木屑鋪上去。當時，年輕的洛厄就從一個舊箱子裡拿出一袋風乾了的黏土顆粒，建議對方試試。因為這種材料的吸附能力特別強，當年他父親賣木屑的時候，就是採用這種材料清除油漬的。這樣一來，那位鄰居的燃眉之急就給解決了。

幾天以後，這位鄰居又來了，她想再要一些這樣的黏土顆粒。這時他靈光閃動，突然意識到自己的機會來了。他馬上又弄了一些黏土顆粒，分五磅一裝，總共裝了十袋。他把自己的新產品命名為「貓房鋪」，打算以每份六十五美分的價格賣出去。但是，大家都笑話他，因為一般鋪貓房用的沙子才多少錢一磅呀！

但出人意料的是，洛厄的十袋黏土很快就賣完了。而且，當這十個用戶再次找上門來，指名道姓要買「貓房鋪」的時候，這一下可該輪到洛厄發笑了。一筆生意，一種品牌，一絲靈感，一種使命，就這樣創始了。

採用黏土顆粒作為貓房鋪，反倒促使這些小動物變成更受人歡迎的寵物了，同時，洛厄也因此而變得富有了。僅僅在一九九五年洛厄去世前的兩三年時間內，「貓房鋪」的銷售價值就達到了兩億美元。也許可以說，正是洛厄的發明所帶來的生存條件的改善，最終使貓取代狗成為在美國最受

歡迎的寵物。

　　十九世紀中葉，美國加州出現一股尋金熱，許多人都懷著發財夢爭相前往。

　　當時，一個十七歲的小農夫亞默爾也想去碰碰運氣，然而，他卻窮得連船票都買不起，只好跟著大篷車，一路風餐露宿趕往加州。

　　到了當地，他發現礦山裡氣候乾燥，水源奇缺，而這些尋找金子的人，最痛苦的事情便是沒水喝。許多人一邊尋找金礦，一邊抱怨「要是有人給我一壺涼水，我寧願給他一塊金幣！」或「誰要是讓我痛痛快快的喝一頓，我出兩塊金幣也行」。

　　這些牢騷，居然給了亞默爾一個靈感，他想：「如果賣水給這些人喝，也許會比找金礦賺錢更容易。」

　　於是，他毅然放棄挖金礦的夢想，轉而開鑿管道、引進河水，並且將引來的水過濾，變成清涼解渴的飲用水。

　　他將這些水全裝進桶子裡或水壺裡，並賣給尋找金礦的人們。

　　一開始時，有許多人都嘲笑他：「不挖金子賺大錢，卻要做這些蠅頭小利的事業，那你又何必離鄉背井跑到加州來呢？」

　　對於這些嘲笑，亞默爾毫不為之所動，他專心的販賣他的飲用水，沒想到短短的幾天，他便賺了六千美元，這個數目在當時是非常可觀的。

　　在許多人因為找不到金礦而在異鄉忍飢挨餓時，發現商機而且善加運用的亞默爾，卻已經成了一個小富翁。

　　我們知道，世界上的萬事萬物都是在不斷發展變化的。環境在變，時勢在變，事態在變，生活在變，人類每一個個體也都在變。要適應環境、時勢的更迭，應付事態、生活的變化，就得學會隨機應變之術。荀子曾

說：「舉措應變而不窮。」能夠隨著時勢、事態的變化而從容應變，是一個人立身處世、建功立業不可或缺的本領。尤其是現代社會飛速發展，生活千變萬化，更需要人們學會應變、善於應變、精於應變。

循規蹈矩只有死路一條。做事首先是講原則、講規範，但過於追求規矩，便成了死板，甚至會走上絕境。因此，要想大智大勇一定要善於變通。

5‧不能在一棵樹上吊死

成功金言

做事的藝術，其實是一個平衡的藝術，既要左顧右盼，照顧到各方各面的利益，又要瞻前顧後，考慮到事情的前因後果，不能在一棵樹上吊死。

聰明的人總是「一顆紅心，兩手準備」。多找靠山，有所選擇，有所放棄，以防不測，不把雞蛋全放到一個籃子裡。

在某個小村落，下了一場非常大的雨，洪水開始淹沒全村，一位神父在教堂裡祈禱，眼看洪水已經淹到他跪著的膝蓋了。一個救生員駕著舢板來到教堂，對神父說：「神父，趕快上來！不然洪水會把你淹沒的！」神父說：「不，我深信上帝會救我的，你先去救別人好了。」

過了不久，洪水已經淹過神父的胸口了，神父只好勉強站在祭壇上。這時，又一個員警開著快艇過來，他跟神父說：「神父，快上來！不然你真的會被洪水淹死的！」神父說：「不！我要守著我的教堂，我相信我的上帝一定會來救我。你還是先去救別人好了！」

又過了一會，洪水已經把教堂整個淹沒了。神父只好緊緊抓著教堂頂

端的十字架，一架直升機緩緩飛過來，丟下繩梯之後，飛行員在叫：「神父，快上來，這是最後的機會了，我們不想看到洪水把你淹死！」神父還是意志堅定的說：「不，我要守著教堂！上帝會來救我的！你趕快先去救別人，上帝會與我同在的！」

洪水滾滾而來，固執的神父終於被淹死了……神父上了天堂，見到上帝，他很生氣的質問：「主啊，我終生侍奉您，為什麼你不肯救我！」上帝說：「我怎麼不肯救你？第一次我派了舢板去找你，你不要，我以為你擔心舢板危險，第二次，轉派了一艘快艇去，你還是不肯上船，第三次，我派一架直升機去救你，結果你還是不願意接受，所以我以為你急著想回到我身邊，可以好好陪我。」

當然世界上不存在上帝，這只是人們編出來的小故事。目的是要闡述一定的道理。

有這樣一些人，當自己步入困境的時候，不鑽牛角尖，而是開動腦筋轉換思路，因而他們往往是最終的成功者。

生活中我們常常一方面抱怨人生的路越走越窄，看不到成功的希望；另一方面又因循守舊、不思改變，習慣在老路上繼續走下去。

美國康乃爾大學威克教授做過這樣一個實驗：拿一個敞口玻璃瓶，瓶底朝光亮一方，放進一隻蜜蜂，蜜蜂在瓶中反覆朝有光亮的方向飛，牠左衝右突，努力了好多次，都沒有飛出瓶子，可牠就是不肯改變突圍的方向，仍舊按原來的方向去衝撞著瓶壁。最後，牠耗盡了氣力，氣息奄奄了。

然後，教授又放進了一隻蒼蠅，蒼蠅也朝有光亮的方向飛，突圍失敗後，又朝各種不同方向嘗試，結果最後終於從瓶口飛走了。

　　這個實驗充分說明了：成功在於肯努力嘗試。世界上沒有不犯錯誤、不經歷失敗的人，重要的是一條路走不通的時候，要趕緊轉過身去尋找另一條出路。有時候在困境面前，改變一下思路，一切就峰迴路轉、柳暗花明了。

　　在我們的現實生活中，很多固執的人都很容易在一些具體的問題上鑽牛角尖，甚至是為了點滴的小利而寧死不讓，從不會輕易的去變通自己。他們不願意放棄他們的觀念，不願意放棄他們的情感，不願意放棄他們的權力，不願意放棄他們的利益等，但是，什麼能夠永久的被占有呢？

　　很多人都常把固有的思維或者祖宗留下的規矩當作了做人做事的靠山，有個硬靠山雖然很好，但它不會總靠得住甚至還有倒的時候。只靠一個靠山，就等於把所有的賭注都壓在一張牌上，一旦這條路走不通，自己不但失去了依靠，很難說不定還會一敗塗地。因此，想在社會上立於不敗之地，就要多找幾個靠山，不要在一棵樹上吊死，這是靈活變通做人的最佳選擇，這也是想在社會上立於不敗之地的最佳方案。有時候需要左投右靠，變換一下思維。這是欲「靠」者最需要用心之處。如不仔細權衡，難保他日平安。

　　這是大智大勇，也是小計謀。對於謀求成功的人來說，面前有多少意料不到的艱難啊！如不能夠隨機應變，如不能夠沉著、冷靜、迅速的處理各種突發的變故，只「在一棵樹上吊死」，怎麼能夠登上成功之巔呢？

放棄舊的習慣和思維

> ### 成功金言
>
> 你應該去改變自己，摒棄一些舊的、不好的習慣和思維，適當的給
> 大腦做做體操，順時代的潮流而動，方能永遠立於不敗之地。

任何人都有贏得成功的潛力，只要相信自己能做到，全力以赴，成功總有一天會來臨。縱然陷入危機之中，也應不悲不惱，應該認識到危機也許預示著機遇。然而，全力以赴並不是說一味的蠻幹，傻幹，而是要學會隨著時代的腳步和社會的變遷不斷的接受新的觀念，摒棄舊的、阻礙進步的觀念。只有這樣才能在不斷變化發展的新時期取得更大的成功。有這樣一個實例：

身處都市之中，隨著經濟的快速發展，社會進步的腳步不斷加快，為了生存拼命奔波的人，他們腳步匆匆，工作壓力大，幾乎沒有時間在家裡享受早餐，早上起床後在家門口或者公司附近吃點早餐就成了大多數忙著趕時間工作的人的新的選擇。於是有許多人就看準了這個商機，逐漸改變了自己原有的只供應午餐和晚餐的傳統習慣，把目光投向了早餐市場。而更令人想不到的是，有家咖啡店也看好早餐這個龐大的市場，但是由於這是一家高檔的咖啡店，在早餐形式上又不能流俗，而他們早餐市場的目標顧客主要是白領職員或者學生，還有雙薪。因此，他們為了取得成功，開發出了一系列能代替早餐的食品。由於緊跟時代步伐，早餐食品又恰到好處，還解決了吃早餐難的問題，也就收到了很好的效果和反響。咖啡店賣早點的成功之處就是，打破了傳統的觀念，順應時代的發展，準確的判斷

並細分市場，準確的進行市場定位的結果。

這就是新觀念、新思想所帶來的成功，如果不能摒棄舊的觀念，認為咖啡店永遠只賣咖啡的話，那麼當別人早上就開始了新的一天的時候，他們只能坐等到中午，永遠比別人少了一個充滿希望的早晨，也就是說當別人已經跑出好遠的時候你才起跑，結果當然是被淘汰。而社會歷史的進步創造著新的思維方式，新的思維方式又成為社會歷史前進的催化力量。

這種現代綜合性思維的特徵在於把自然科學、技術科學和人文社會科學的知識、人的智慧和才能與各種類型的資訊、資料及資訊基礎設施有機的結合起來，以便跨越層次界限，解決開放的複雜巨系統問題（所謂複雜巨系統，就是指結構非常複雜，而且是對外界開放的系統，如社會系統）。如此相對的思維方式，也是開放的、動態的。這種整體性、綜合性的思維方式不同於以往的舊有方式，很重要的是因為它是非線性的、多維互補的。網路化的世界縱橫交織著錯綜複雜的聯繫和關係，它們是動態的、過程性的。網路大大小小的「扭結」都有一定的自主性和創造性，它們能夠對環境的變化作出有選擇的反應，它們相互參與，彼此合作和競爭。

這些理論教我們要用各種新的思考方法，能更自由、更全面的去觀察，向知識或常識挑戰，以一種新的視野去面對事物。

有一艘船翻了，船上的人全部落水，大部分人都努力掙扎著伸展四肢，浮出水面，但是船翻時所造成的強大水流，將落水的人捲入船底，使得這些人的身體都緊緊的貼在船底無法浮起，最後窒息死亡。只有一位落水者看到強大的水流，立即將身體倦起來，讓自己先沉下去，待離開水流後，再順勢伸展四肢，浮出水面。他是唯一的一位生還者。

其實從這個實例中可以看出，也許這個人體能非常好，但是更重要的是，在舊有的習慣面前，別人都一如既往的遵循，而只有他，順應水流的發展而改變自己並最終獲得生還。其實我們的身體需要時常做體操，來加強健康和活力，而我們的頭腦也需要在平時養成習慣，不時的找機會做做頭腦體操。因為人一旦養成做頭腦體操的良好習慣之後，就容易讓自己的思考像雷射光束般，由三百六十度的各個方向在腦內自如的進出。如不時時操練你的大腦，那麼在危急中就不會急中生智，在攻防中不會有技巧，在遇到瓶頸時也不會有突破了。而我們又怎麼給大腦做體操呢？最簡單的方法就是緊跟時代的步伐。

然而每當你放棄一種舊的行為方式時，即使那是一種有害的或使你失敗的習慣，你也可能會產生一種很強烈的失落感，在一段時間內你會感到惋惜，下意識的懷念某種習慣，儘管它曾經傷害過你。你想念這種習慣就像是想念久別的家人或朋友一樣，由於你丟掉了舊的生活模式，會感到空虛，無所適從。在你學習新的、有益的生活方式來填補這一空白時，這種空虛感會延續一些時間。這種感覺可能表現為憂鬱或對焦慮的壓抑感，使你無法思考任何具體的問題。儘管你知道舊的生活方式對你的生活有負面影響，妨礙你充分發揮自己的潛力，但你仍然對它戀戀不捨，並為離開了它而悲傷不已。

此時你的思想是矛盾的，你的理性告訴你說，丟棄消極的習慣是完全正確的，完全應該的，但你的內心卻在為丟棄的東西惋惜悲傷，你的理智和感情並不同步，一直處於一種搖擺不定的狀態。這種猶豫不定的態度讓你不能勇敢的抓住機會，去改變自己的生活。

「反其道而思之」更容易成功

成功金言

人生之路千萬條，要想取得事業上的輝煌，向自己的目標進發，就必須大膽的多方位的探索、不盲從、不隨俗，要對傳統思維方式中錯誤的、陳腐的東西進行捨棄，要以全新的角度，去解決目標所遇到的問題。

當改變不了這個世界的時候，就必須克服困難改變自己。拿星巴克的一個例子來看：

近些年，星巴克把他的觸角伸到了世界各地，但是作為咖啡店來講，想大範圍的推廣是非常困難的，但有困難不可怕，怕的就是固守陳規，按照常規的思維去做事。然而恰恰星巴克沒有這樣，他們憑藉企業獨創性的思維和獨特的經營方式，取得了良好的效益，並迅速搶占了咖啡店在世界的市場。

其實即使是同一種的咖啡，如果調製比例不同，其味道也會有差異。不同的咖啡調製師做出來的咖啡，味道也不盡相同。從某種程度上說，咖啡的調製是有特定方法的。但是一般來講，咖啡調製時都是根據自己的經驗和感覺來調製，因此想要咖啡的味道達到標準化，有很大的困難。就算在同一家咖啡店，不同的咖啡調製師做出來的咖啡味道也有可能不同，更何況要讓那麼多家店的咖啡都保持同一種味道，其難度可想而知。

在同一品牌的咖啡店，點同一種咖啡卻喝出不同的味道，自然就會有顧客對此表示不滿。為了誠懇的接受顧客提出的寶貴意見，進一步改善咖啡味道的標準化體系，星巴克想出了在咖啡杯上標出原料配比刻度的好辦

法。於是在星巴克，他們推出了不同於其他咖啡店的、有綠色刻度的標準咖啡杯，一進入市場就贏得了成功。只要有了刻度，咖啡調製師就可以按照尺規調製咖啡，而咖啡的味道的標準化自然就能實現。例如在調製冰咖啡時，第一條刻度線是牛奶，第二條刻度線是咖啡，最後是冰塊等等。

標有刻度的杯子是其他任何店都沒有的，是星巴克獨一無二的設想。因為有了這個辦法，世界各地的咖啡店調製出的咖啡味道都能達到一致的目標才得以實現。顧客無論在哪裡都能品嘗到自己喜愛的同一口味的咖啡。

想讓商品暢銷，就必須致力於開發顧客需要的產品。而不是改變顧客的態度和口味，而作為企業應該從產品企劃階段就開始聽取消費者的建議，並且採取積極行動，組成創意開發團隊，用心研究消費者的喜好。正如星巴克董事長霍華德·舒爾茨所說：「我們喜歡打破常規。」舒爾茨很清楚的認識到，雖然星巴克現在處於領先位置，但是要保持領先，就必須不斷創新，堅持投顧客所好，這樣才能創造良好的業績。事實上星巴克也的確是這樣做的，所以他們成功了。而麥當勞之所以能從小規模的私人企業發展成今天規模如此龐大的成功的大型跨國企業，正是因為在激烈的競爭中擁有自己獨創性的產品和服務標準。因此，不能盲目的跟著別人走，而應該另闢蹊徑去打開世界市場。

而對於個人來講，在通往自己的理想目標的征途上，人生之路千萬條，要想取得事業上的輝煌，向自己的目標進發，向更大的目標的挑戰，就必須大膽的多方位的探索，應用現代的思維方式，不盲從、不隨俗，在探索問題時，要對傳統思維方式中錯誤的、陳腐的東西進行捨棄，不可一條道走到黑。

　　穆罕默德說：「堅定的信念足以移山。」有人刁難他說：「那麼現在請您把山移走。」穆罕默德只好應承說：「某月某日，我令山移走。」到了那天，山沒有動靜。穆罕默德一點也不驚慌，神態自若的說：「山呀，你要移動，你要過來。」說了許多次，山還沒有動靜。穆罕默德又一點也不驚慌，神態自若的說：「假如山要移動，大家都會被壓死。神愛世人，所以不讓它出來。雖然山不來，我卻可接近它。」

　　這段話意在說明：對於無法實現的目標，改變已是不可能了，但這並無意味著絕路，此時，請你嘗試著改變自己。這也就是所謂的運用逆向思考來解決問題。所謂逆向思維，就是突破傳統性思維方式，對事對物反過來想一想，以達到創造機會的目的。所以我們可以戲稱這種善於逆向思維的人為「反動派」。有逆向性思維的人，在生活中的表現常常令人稱奇，「他為什麼會想到這樣做呢？」

　　相傳北宋史學家司馬光，童年時代就常常表現的聰明過人。有一天，司馬光和許多小孩一起在一個大花園中玩樂，有一個小孩在爬假山時，腳下一滑，跌進了假山下一口有大人高的盛滿水的大花缸中。別的孩子一見，個個驚慌失措，呼叫著四散而逃。而司馬光見狀，卻不慌不忙，搬起一塊大石頭，狠命的朝大花缸砸了過去。水缸被砸破了，水嘩嘩的流光了，落水孩子終於得救了。按照通常的做法，小孩落水，都是採用從水中將之抱起來的「傳統救法」，而司馬光卻一反常規，用砸缸救人的辦法救出了小孩。因為根據當時情況，還沒有人能一下子從大花缸裡抱起落水的孩子，雖然花缸被砸破了，但卻達到了迅速救人的目的。司馬光採取這種救人方法就是依靠逆向思維來完成的。

　　人有逆向思維是很正常的，每個人的生命伊始，都是頭向下而出來

的，因此人類擁有逆向思維也是順理成章的，從反方向思考，或把問題顛倒過來看一看，往往能導致別有一番洞天的見解，這種事例在日常生活和工作中很多，由於它能出奇制勝，靈活多變，「反其道而思之」，結果是取得意料不到的成功。

想像力比知識更重要

成功金言

想像並不是憑空的想像，要想讓想像的翅膀飛起來，還需要客觀聯繫這個世界，把知識融會貫通。

葉聖陶曾經說過：「想像不過把許多次數，許多方面觀察所得融為一體，團成一件新事物罷了。假若不以觀察為依據，也就無以起想像作用。」想像是在原有感性形象的基礎上在頭腦中創造新形象的過程。想像可使人的認識超出時空與具體條件的限制，拓展和豐成功者們的精神世界。合理的想像可能會扭轉局面，讓天空亮起來。

一家百貨商場，雖地處鬧市中心，地理位置也不錯，但總是門外車馬喧嚷，而店內冷冷清清，許多人都是從店門前的大街上匆匆而過，很少有人進店駐足。沒有顧客，商場的生意就一直很清淡。經理對此一籌莫展。一次，經理的朋友偶然路過商場，聽經理歎息著說了商場的慘澹經營後，朋友沉思良久，笑著對經理說：「要讓過往行人都能到你店裡來看看並不難，有一面鏡子就行了。」

經理半信半疑，但還是按照朋友的吩咐，在臨街的牆上裝上了一面僅

幾個平方公尺的鏡子。鏡子的上方，用紅紙貼了一行大字：朋友，請注意您的儀容！鏡子的下方貼了一行小字：店內備有免費的木梳。

當許多人又從商場門前經過時，會不由自主的走到鏡子前照一照，然後就進了商場梳理頭髮，如果需要擦鞋油，鞋刷備有十幾把，可以免費使用，但各種鞋油卻在櫃檯上銷售。

商場內的人一下子擁擠起來，有買鞋油就地擦鞋的，有買髮膠就地梳理頭髮的，有買口紅對著店裡的鏡子塗抹的，當然，店內的護膚品、日用小百貨等也銷量激增，商場的生意一下子就火暴了起來。一面鏡子，就把匆匆而來的路人「照成」了店內購物的顧客，就這麼簡單。

其實，對於店家來說，攬客的方法就是這樣：讓人知道自己缺什麼，然後，讓他主動去選擇。這樣比強加給顧客手上的宣傳單更有效。

愛因斯坦說：「想像力比知識更重要，因為知識是有限的，而想像力概括著世界上的一切，推動著進步，並且是知識進化的源泉，嚴格的說，想像力是科學研究中的實在因素。」

然而，想像力也不是憑空的瞎想，心理學告訴我們想像的源泉是客觀現實，想像的內容是客觀現實的反映，而合理想像的方法更是成功的關鍵。

方法是主體在對象性活動中的行為方式和為達到某種目的而採用的途徑、手段和工具的總和。「方法」一詞，源於希臘文，意思是遵循某一道路，亦指為了實現一定的目的，必須按一定程序所採取的相應步驟。

方法一般來說分為以下幾個層級：一是方法論基礎，這是取得科學管理方法的哲學依據；二是基本的管理方法，這是取得科學管理方法的哲學依據；這是主體解決各種問題、認識各種事物帶有共通性的一種方法，

如，思維方法、預測方法、理論聯繫實際的方法；三是具體的管理方法，它是主體在某一時期或某一階段解決某種具體問題所使用的方法，如，行政方法、經濟方法、企業管理方法等；四是操作性的管理方法，它是指主體為順利實現目標而採取的各種活動技巧與技術，如，評估技術、統計技術、電腦應用技術等。可見，方法具有層級之分，不同的工作要採用不同的方法，越接觸實際，方法越具體越生動、越豐富多彩。這裡給你講述一個行銷的例子：

司迪麥口香糖也是一個十分成功的行銷案例。在各媒體廣告處處都可以看到、聽到保持口氣清香的箭牌口香糖廣告，司迪麥以逆向思維的突破觀念，創造出極為怪異而且有顛覆意味的廣告手法——「我有話要說」，對新新人類展開尋求認同的猛烈攻勢。

這個在媒體廣告上從未出現過的新手法，立即將司迪麥的銷量推上了高峰，不但打響了司迪麥的知名度，也將這個新產品成功推入了市場。

這就是在人們常規的思路基礎上加上合理的想像，最終取得了成功。如果現在的行銷人員能不時的訓練自己，時常活用逆向的思維方法，就能夠靈活運用行銷策略與戰術的技巧，將行銷業務順利的往前推展。時常有人認為所謂創意只不過是靈光一現，這是錯誤的觀念，要經常且隨時不斷的練習運用逆向的多元性思考能力，看待事情不能只從一個角度分析，養成了習慣之後，就隨時會有潛意識的能力展現，就像是一束雷射光，在一個球體裡外、上下毫無拘束的穿梭，讓你在行銷的時候得心應手，無往不利。其實不光是在行銷領域，在各行各業，只要你讓想像的翅膀飛起來，都會有不俗的表現和成功。

那麼怎麼才能讓我們打破陳規，讓我們的想像飛起來呢？其實想像有

時就是這樣，對於特定的問題，集中注意力，並且從各種角度去探討，盡量讓想像力「飛躍」起來。起初，你會覺得幼稚、可笑，但是仔細總結之後，又會發現新的東西。「非常好的決策方式」，往往是從精神遊戲產生出來的，不過，重要的一點，就是片刻不離問題的核心。要讓思考力活躍的另一途徑，就是面對問題，閱讀各種參考書籍，然後再對問題，探討有關聯的各種問題。

　　如果滿足於現狀，如何能有所改善呢？時常訓練自己，用批判性的眼光來觀察，想要做這種訓練，就要對於自己所做的事，都以「疑問」的眼光來看，尤其是對於慣例，「認為當然的事」，更要以存有疑問的態度去思索。雖要事事存疑，但對於旁人的新構想，不要一味的挑剔，應該與對方一起討論、研究，並且積極的參與。這麼一來，原本不太實用的想像，也會產生意想不到的效果。不要對任何想像加以否定，沒有思考，沒有檢驗，沒有實踐就沒有發言權。但也不要只要是想像就一味的肯定，因為有些偶然產生的構想，看起來很不錯，但是仔細想想，可能還有更好的方法。想像力比知識更重要，因為知識是有限的，而想像力是無限的。想像可以使人的認識超越時空和具體條件的限制。想像能激發觀察的靈感，拓展觀察的管道和內容，溝通不同觀察的結果，可以大大豐富觀察的內容，讓事情變得更加美好。

第 5 章 打開思路

第6章 抓住機會

當機會呈現在眼前時，若能牢牢掌握，十之八九都可以獲得成功而能克服偶發事件，並且替自己找尋機會的人，更可以百分之百的獲得勝利。

—— 成功學大師卡內基

機會是成功之門

成功金言

機遇可遇不可求，稍縱即逝。抓住機遇，就能爭取主動，超常發展；喪失機遇，就會陷於被動和落後。

機會是成功之門，機會的降臨也是稍縱即逝的。一個成大事的人，遇到機會，必定是一個善於看得準、敢於抓得快的人，而絕不會讓機會輕易的從身邊溜走。

熟悉·皮爾·卡登經歷的人都知道，他是一個白手起家的成功典範。他的成功除了靠他在這方面的天賦之外，還靠勤奮、機遇和勇氣。

皮爾·卡丹只有兩歲多就隨著母親移居到法國的岡諾市。當時一戰後世界經濟蕭條，萬業荒廢，工人失業率高，由於他的家庭十分貧窮，生活潦倒，供不起他繼續讀書，他唯讀了幾年的書就輟學了。為了生活，他到處工作，十七歲時，他到一間紅十字會做工。卡丹從小就表現出與逆境抗爭的能力。到了紅十字會以後，憑著他的勤學和機敏，很快就當上了一名小會計。當會計的這段經歷、他學會了一些經濟方面的知識，如成本核算和經濟管理的知識，這是卡丹人生經驗的初步累積。在做會計的同時，他發現自己對裁剪的興趣很濃厚。三年後，他到了一間服裝店當學徒，幾年的工夫，他已經熟練掌握了裁剪技術。這時的法國，已經開始恢復昔日繁華的面目，卡丹也被日漸濃厚的服裝消費氣息所薰陶，他決定要成為一個裁縫師。

大凡卓有成者，既有個人的天賦聰明、勤奮好學，亦有機遇和環境的

造就。辛勤的勞動和強烈的自信心，使皮爾‧卡丹不斷的拜師學藝，與同行互相學習，短短的幾年工夫，卡丹已經是有一定技術實力的裁縫師了。但是，他缺乏的是名氣。卡丹到處尋找各種機遇，希望能使自己有一個轉機。

這一天終於來了。一九四五年五月的一天晚上，他獨自在維希郊外的一個小酒店裡飲悶酒。當他要第三杯時，酒店裡有一位破落的老伯爵夫人向他走來。這位老夫人原籍巴黎，家境破落後遷至維希。這位老夫人見眼前的年輕小夥子無精打采的樣子，便主動上前和他交淡。卡丹此時正心煩，有這麼一位毫不相干的老婦人交談，也樂得吐愁腸，就把前前後後的事講給她聽。

原來這位夫人是衝著卡丹穿著的這套衣服來的，這身打扮很時尚，她想知道這套時裝的來歷，一問才知，這套衣服是卡丹親手設計、裁剪並製作的。當她得知這個情況後，情不自禁的脫口而出：「孩子，你會成為百萬富翁的，這是命運的安排。」原來，這位老夫人年輕時常出入巴黎上流社會，結識了許多服裝設計大師和著名的時裝店老闆，巴黎帕坎女式時裝店經理就是她年輕時的密友。於是，老夫人便把帕坎女式時裝店經理的姓名和住址告訴了卡丹。臨別時，她拍著卡丹的肩膀笑著說：「苦惱什麼，年輕人？在巴黎的戰爭早就結束了，你難道還不知道嗎？」

老夫人這個驚人的消息，以及當時聽起來可笑的預言，竟然激起了卡丹埋藏已久的希望之火，帕坎時裝店經理的名字和住址，簡直就是一次從天而降的機遇。他暗暗發誓，振作精神，走向成功。

帕坎女式時裝店是巴黎一家著名時裝店，這家店時常為巴黎的一些大劇院縫製戲裝。店老闆得知伯爵夫人介紹一位外省的年輕人來求職，使親

自接待了卡丹，並對他進行了面試。使老闆驚異的是，卡丹的裁縫手藝以及設計才能遠遠超出了他的想像。老闆便毫不猶豫的雇用了卡丹。在這裡，卡丹潛心於自己心愛的事業，刻苦鑽研，拜師結友，可以說是如魚得水。不長時間，卡丹就獲得了巨大的成功，名門巨賈中開始流傳著一個年輕人的名字 —— 皮爾・卡丹。

不久，卡丹的兩位好友鼓動他開設自己的時裝公司。一九五〇年，卡丹傾其所有，在巴黎開了第一家戲劇服裝公司。這是卡丹大顯身手的地方，也是卡丹帝國崛起的搖籃。

卡丹決意自己獨立經營時裝，並以自己名字的第一個字母「P」作為牌子亮出去。由於在人才濟濟的巴黎，沒有名氣的卡丹，雖然製作了以自己名字為招牌、款式十分新穎的時裝，但「P」字牌子還是無人問津，生意清淡。但是，卡丹並沒有因此而氣餒，他決心在精心設計和適銷對路上下工夫。

經過卡丹的不懈努力，「P」字牌服裝終於有了轉機，贏得了以挑剔著稱的巴黎顧客的喜愛。過去，人們瞧不起成衣，可是，卡丹的創造性設計逐步改變了人們的觀念。

從一九六〇年代起，卡丹在創作上不斷求新，探索進取，他設計的 P 字牌服裝，走出法國，在世界深得人們喜愛，並享有一定聲響。卡丹服裝行銷世界，成為現代時裝的名牌之一，它以「高尚、優雅、大方」著稱。卡丹本人也為此三次榮獲法國時裝「奧斯卡」設計獎 —— 金頂針獎，這是時裝設計的最高獎，卡丹成為了世人矚目的設計巨星，法國時裝界的王中之王。

現在，皮爾・卡丹擁有了從設計加工到生產的龐大時裝業，「卡丹帝

國」的主人卡丹從原來兩手空空的工人，發展到現在不僅在法國擁有上百家分店，而且在世界上九十七個國家開設分店。經過三十多年的努力，P字牌的服裝成為超級名牌。今天，他擁有約十億美元的勤奮和勇敢可以創造機遇，這是皮爾·卡丹成功的祕訣。

機會總是平等的出現在每個人的面前的。當機會出現在你面前時，如果你能牢牢的把握住，你就會將它變成自己人生發展的條件，使自己的人生出現轉機。

朱小玲是一個不甘平庸的女性。她很喜歡歷史，經常學習研究古代人的智慧。一九八一年，從學院畢業後，她被分配在郵局從事技術工作。因為文筆漂亮還時而在報紙上發表一些文章，頗得主管的賞識。

按一般人的眼光來看，工作穩定，薪資不少，時常還有些大大小小的工作宴，著實可以令許多人羨慕不已。但小玲並不滿足這種平淡無奇的工作。她想如果就這樣走下去，什麼都按部就班，在局裡一些年長者身上就可以看到自己以後的影子，生活已被預見到了，多沒意思啊。這正是一葉知秋。

當時的人們以擁有呼叫器為榮，雖然不菲的價格讓許多人望而卻步，但她敏銳的看到腰掛呼叫器，對大多數人來說這是必然的趨勢。於是，她利用自己熟悉通訊產品的進貨管道及本地維修站情況的優勢，毅然辦理了停薪留職的手續，成為了第一批下海經商的勇者。

很快，一間沿街的十坪左右的店面已經裝修一新。小玲跑了幾個大廠商，帶回了十幾個呼叫器。

那時候呼叫器的式樣還不是特別豐富。只有單調的兩三種樣式。然而比電信局營業大廳所賣的呼叫器便宜而保固期相同的優勢，她店裡的十幾

個呼叫器沒有多久時間就銷售一空。就在最後一個呼叫器售出之後，小玲興奮得一夜無眠，第二天一早就又奔赴廠商。隨著進貨量的加大以及產品外形的增多，小玲的生意可謂是有聲有色，一帆風順的發展壯大起來。

回想起當初的決定，她說：「當時我並不是沒有後顧之憂的，所以只辦了兩年的留職停薪。其實那時我的收入還算可以，部門也準備提拔和重用我，但是每天『朝九晚五』的工作實在單調至極，所以我決定出來闖一闖，好歹算是嘗試，如果實在不行還可以回原公司繼續上班。開始我的目標只是要求每個月的收入比在公司多一些就可以了，我主要是希望有一個自由的能發掘自身潛能的工作空間。這些年我做得還是比較愉快的，現在做這行的已經太多了，競爭一激烈，利潤就薄。我已決定把這個店給我的侄子打理了，我準備休整一下，再考慮下一步的投資。我的成功，其實還得益於我對歷史的研究，特別是歷史中的那些軍事智慧，我把它充分的利用到了商場上，在商場競爭中，我懂得要見機行事，不能強而攻之。」

沒有人不想成為機會的寵兒，機會並非垂青每一個人。在前進中，只有眼觀六路，耳聽八方，才能占據最有利的競爭制高點，幫助我們通向成功之路。

機不可失，時不再來

成功金言

平庸的人相信命運，因而隨波逐流，最終被命運的漩渦扼住了咽喉。成大事的人相信機會，更能看準進機並把握它，將它變成現實的行動，唯有行動才能抓住機會。

西班牙著名作家賽凡提斯經典作品《堂‧吉訶德》中有一句經典台詞：「有關著的門就有開著的門。」那扇為我們敞開著的大門，就是機遇。

學會把握機遇，這是人生的一大重要課題。時機的珍貴，就在於它稍縱即逝，得來不易；時機的價值，就在於它創造機緣，走向輝煌。

有一位單身漢希望在有生之年能得到真正的幸福，哪怕只有一次也好。於是他開始日復一日的向神靈祈禱。他的誠意終於感動了天神。

一天晚上，幸福女神敲開了單身漢家的大門，單身漢十分高興，連忙請她入內。可是，美麗的幸福女神卻指著她身後的另一位醜陋的女子說：「還有一位，這是我的妹妹，我們是一起出來旅行的。」

單身漢驚訝的看著這位奇醜無比與幸福女神天壤之別的女子，疑惑的問女神：「她真是你的親妹妹嗎？」

「是呀，她是不幸女神。」

單身漢聽了之後，便說：「請您進屋裡來坐，不過，還是請她先回去。」

「這怎麼行，我們無論走到那裡，都是連在一起分不開的，我不能單獨留下來！」

幸福女神見單身漢猶猶豫豫，便說：「若有不便，我們只有告辭了。」

最後，單身漢不知所措的望著姊妹兩人飄然而去的背影，錯過了得到幸福的機遇。

在做事時，我們也難免像這位單身漢，當幸福女神前來光顧時不能把握住機遇。如果把機遇看成是某種資源的話，我們會發現機遇的損耗最大。

著名的學者趙雲喜先生這樣解釋「機遇」：生命的流程像一條線，機

193

遇則是一個點，沒有流程線，就沒有機遇的點。或者可以這樣說，「機」是一條線，「遇」是一個點。「機」未必都能夠遇，「遇」則必須有機。「機」是為「遇」交付的成本，「遇」是「機」的結果。作者接著用具體的事物進一步說，搞經營的人們曾有過一個比喻，搞市場好比老鷹捕兔子，市場機遇稍縱即逝。要捕捉到狡猾的兔子，老鷹必須做到穩、準、狠。機遇好像兔子，它是動態的，絕不是靜止的，機遇的性格就是誰也不等待。老鷹在天上盤旋，只能說是「機」，老鷹捕捉到兔子那一剎那才是「遇」。

「機不可失，時不再來。」人人都會說這句話，但有很多人只有等到機會從身邊溜走之後，才恍然大悟，如夢初醒，急得上蹦下跳。

「那天晚上碰到了不幸的『中美洲』號。」一位船長講述道，「天正漸漸的黑下來。海上風很大，海浪濤天，一浪比一浪高。我給那艘破舊的汽船發了個信號打招呼，問他們需不需要幫忙。『情況正變得越來越糟糕。』亨頓船長朝著我喊道。『那你要不要把所有的乘客先轉到我的船上來呢？』我大聲的問他。『現在不要緊，你明天早上再來幫我好不好？』他回答道。『好吧，我盡力而為，試一試吧。可是你現在先把乘客轉到我船上不更好嗎？』我回答他。『你還是明天早上再來幫我吧。』他依舊堅持道。我曾經試圖向他靠近，但是，你知道，那時是在晚上，夜又黑，浪又大，我怎麼也無法固定自己的位置。後來我就再也沒有見到過『中美洲』號。就在他與我對話後的一個半小時，他的船連同船上那些鮮活的生命就永遠的沉入了海底。船長和他的船員以及大部分的乘客在海洋的深處為自己找到了最安靜的墳墓。」

亨頓船長在曾經離他咫尺卻被他忽略了的機遇變得遙不可及的時候才意識到這個機會的價值，然而，在他面對死神的最後時刻，他那深深的自

責又有什麼用呢？他的盲目樂觀與優柔寡斷使得多少乘客成為了犧牲品！其實，在我們的生活當中，又有多少像亨頓船長這樣的人，他們在最歡樂的時刻又是多麼的易受打擊，多麼的盲目，在命運的面前又是多麼的軟弱無力啊！只有在經歷過之後，他們才頓然清醒的明白那句古老的格言：機不可失，時不再來。然而，這時已經遲了。

這種人在他們著手的事情上總是不能很好的把握時機，要麼是太早了，要麼是太遲了。「這些人都有三隻分開的手。」約翰·古夫這麼說，「一隻左手，一隻右手，還有一隻遲到之手。」在他們還是孩子的時候，他們就老是遲到，做家庭作業和交作業也總是比別人要晚。就這樣，他們遲到的習慣慢慢的養成了。

到了現在，需要他們承擔責任的時候，他們才開始後悔，他們想如果能再回到從前，讓生命再來一次的話，他們一定會好好的把握住機會，也許他們還會有一個嶄新的明天。他們又回憶起以前，自己曾經白白浪費了多少可以賺錢的機會，或是白白放過了多少可以彌補這些損失的機會，而現在卻是已經無法彌補了。他們懂得該如何在將來改善自己的生活，完善自身，或是幫助別人；然而，他們卻看不到此時此刻有什麼機會。他們永遠無法抓住機會，無法把握機會。

上帝是公平的，他把最珍貴的禮物給了每個人，那就是 —— 機遇。只要你抓住了上帝賜予你成功的金鑰匙，你就是成功者，你就是幸福者。如果你正確的面對它，積極的尋求它，並勇敢的握住它，那麼，你就是一個非凡而富有的人。

機遇是「創造」出來的

人生最大的憾事是機遇擦身而過，而你一無所獲；人生最大的驚喜是機遇迎面撲來，而你命運亨通。

美國機遇學大師卡爾‧彼特說：「抓到機遇抓到命，摸到機遇摸到金。凡是機遇並不是明明白白的展現在你的面前，需要你用智慧的大腦去破解。」

現實生活中，為什麼有的人能抓住機遇，不斷走向成功，而有的人卻始終與機遇無緣呢？這無疑值得人們去深思、去反省。

可以說，機遇並非任何人都是平等的，它只喜愛那些不斷的去把握、去尋找、去挖掘、去創造它的人。或者說它是偏愛與垂青那些有準備的人。這就要求人們要克服安於現狀、戀棧舊巢的心態，擺脫惰性，充實自己，隨時注意身邊的一切，因為機會每一刻都有可能在我們的身邊降臨。當然，除了做好迎接機遇的準備之外，我們還應學會辨別和選擇機遇的能力。因為機遇的到來總是有不同的形態，有時呼然而至，有時悄悄而來，有時雜於其他事物之中，有時獨自潛伏在你身邊，這就需要人們在反省之中懂得去識別、選擇、尋找與挖掘。從對許多成功者的分析中可以看出，其成功的祕訣就在於，目光敏銳、孜孜以求、善於尋找和開掘。所以，人們要想很好的捕捉機遇，就必須具備一種「吾將上下而求索」的追求精

神和「牽掛你的人是我」的心理素養。只有這樣，才能使機遇與自己靠近與融合。

在對機遇的捕捉中，還要注重「創造」二字，人曰：「智者順時而謀，愚者逆理而動；弱者坐待時機，強者創造時機。」聰明人創造的機會往往比他遇到的機遇要多得多。因為創造比等待更加重要。

弗雷德克少年時期便夢想成為一個成功的商人，由於沒有什麼太好的機遇，他的心中也時常顯得焦躁不安。

在一個很偶然的機會裡，他發現如果將冰塊加入水中，或者化為水，就可以成為冷飲。他還觀察到人們在一般情況下只是在酒店或者熱飲店裡喝飲料或酒。到了夏天天氣炎熱的時候，這些酒店生意都不太好，店長也為之煩惱不已。他立即敏銳的發現如果在氣候炎熱的夏季，人們能喝上冰涼的冷飲該是多麼舒心的事情。

弗雷德克由此看到了一個潛在的商機。於是，他開始不斷的實驗創造消費。他試著利用冰塊做各種各樣的冷飲，並將冰塊加入各種飲料中調出各種口味的飲品。經過反覆試驗，他終於試製出適合於多數人飲用的冷飲。

因為這些冷飲在炎熱天氣下有解暑降溫的作用，經冰鎮過的各種液體又會變得十分可口，這些飲品便立即在各個地方，尤其是那些氣溫高而又缺水的地區率先風靡起來。一時間，冷飲蔚然成風，並逐漸在各地廣泛的流行。

冷飲的風行大大的帶動了冰塊的銷售，一切都如弗雷德克所預料的那樣，冰塊的銷售業務得到了巨大的發展，並為他帶來了巨大的財富。

弗雷德克首先是一個勤奮的人，他能想到冰塊帶來商機的同時，一次

又一次的去驗證自己想法的正確性。這種動力的真正原因是他相信自己的判斷，也不想錯過這個機會。如果不能很好的把握這個先機，別人就會不失時機的去爭取。

抓住機遇就意味著成功，但是，創造機遇並非一蹴而就，它需要人們以百倍的勇氣和耐心在崎嶇的道路上慢慢摸索；機遇又往往在險峰之間，它只鍾情於那些不畏艱難困苦的人。一個少年時的夢想使弗雷德克在灰色的現實中破冰而出。

世界上許多事業有成的人，不一定是因為他比你聰明，而僅僅因為他比你更懂得創造機遇。美國著名成功學大師安東尼·羅賓認為，成功取決於一系列的決定。成功的人能迅速的做出決定，並且不會經常變更；而失敗的人做決定時往往很慢，而且經常變更決定的內容。決定彷彿是一股無形的力量，在你人生的每一個時刻導引你的思想、行動和感受。

在日本一個偏僻的山區裡，有一個小山村因山路崎嶇，幾乎與世隔絕，幾十戶人家僅靠少量貧瘠的山地過日子，十分落後，生活極為貧苦。全村人雖然也想脫貧致富，卻一直苦於無計可施。

一天，村裡來了一位精明的商人，他立即感到這種落後的本身就是一種可貴的商業資源，便向村裡的長者獻了一條致富計策。於是，長者馬上召集全村人，對村民們說：「如今都是什麼年代了，咱村的人還過著和原始人差不多的生活，我們深感內疚和痛心！不過，大都市裡的人過著現代化生活的時間長了，一定會感覺乏味。我們不妨走回頭路，乾脆過原始人的生活，利用我們的「落後」，定會招來許多城裡人。我們呢，也可以借此機會做生意賺錢。」這一計謀博得全村人喝彩。從此，全村人便開始模仿原始人的生活方式，在樹上搭房，披獸皮，穿樹葉編織的衣服。

　　不久，那位商人便向日本新聞界透露了他發現這個「原始人」的小部落的祕密，立即引起了社會各界的轟動。從此，成千上萬的人都慕名而至，參觀者絡繹不絕，眾多的遊客為部落帶來了可觀的財富。有經營頭腦的人來了。他們來這裡修公路，造賓館，開商店，將這裡開闢為遊點。小山村的人趁機做各種生意，終於富裕起來了。

　　每個人一生中都會遇到許多機遇。能力強、綜合素養高的人善於抓住機遇並且充分利用它們；具有高度智慧的人更善於創造機遇。

　　機遇是造就一個人成功的首要因素。機遇往往是突然的或不知不覺的出現，有時甚至永遠不為人所知，或只是在回首往事時才認識到過去的那件事是個機遇，慶幸抓住了它或者後悔失去了它。因此，善於抓住機遇的人應該具有以下基本素養。首先，要隨時做好準備。充分認識到小事的重要性，把每一件小事做好，要知道機遇有時候就蘊藏在小事之中。其次，一旦出現機遇的時候，要全力以赴，兢兢業業的抓住它。再次，要鍛鍊出敏銳的洞察力，善於在複雜的情況下發現機遇。

　　光想抓住機遇還是被動的，真正聰明的人是會主動創造機遇的。如果只坐在那裡痴痴的等，那麼機遇就永遠都不會理會你。就如那些永遠居住在山區裡的人，雖然也知道外邊世界的精彩，但只能徒然發出歎息，只知道自己所在的地方貧窮，卻不知道如何改變這種狀況，而那個精明的商人則懂得利用自身創造機遇，並最終帶領那些農民走出了貧窮。

　　要知道，在人生的體驗中，並不是所有驍勇善戰的將軍都能穩操勝券，百戰不殆；並不是所有忠實生活的人都能幸運如意，一帆風順。原因何在？要知道機遇是一種不可排斥的因素，很多時候就是因為我們不知道利用機遇，不知道機遇能改變我們的一生，不知道機遇會讓我們一

舉成名。

可惜的是，並不是所有的人都明白這個道理，並不是所有的人都相信機會能改變自己的一生，能夠讓自己獲得成功。於是他們在機會來臨的時候，不僅無法認識到哪個是機會，更無法談到利用機會來改變自己的命運了。

機會總是稍縱即逝的，一個機會不可能出現兩次，必須當機立斷，只有具有破釜沉舟精神的人，才能在第一時間內抓住機會來改變自己的命運。

「人生能有幾回搏」，當你意識到出現機遇的時候，一定要抓住它，不要掉以輕心，有好多事情往往就相差一點點就失去了這個機遇。

磨練看準時機的眼力

> **成功金言**
>
> 要想捕捉成功的機遇，就必須擦亮自己的眼睛，使自己的雙眼不要蒙上任何的灰塵，隨時隨地做好迎接機遇的準備。

看準時機需要眼力。如果沒有善於訓練自己眼力的習慣即使金子在眼前，也如同石頭。成大事者善於養成這樣一個必不可少的習慣：磨練看準時機的眼力。

有位記者曾和老演員查爾斯‧科伯恩進行過一次交談。記者問的是一個很普通的問題：一個人如果要想在生活中獲得成就，需要的是什麼？大腦？精力？還是教育？

查爾斯‧科伯恩搖搖頭。「這些東西都可以幫助你成大事。但是我覺得有一件事甚至更為重要，那就是：看準時機。」

「這個時機，」他接著說，「就是行動 —— 或者按兵不動，說話 —— 或是緘默不語的時機。在舞台上，每個演員都知道，把握時間是最重要的因素。我相信在生活中它也是個關鍵。如果你掌握了審時度勢的藝術，在你的婚姻、你的工作以及你與他人的關係上，就不必去追求幸福和成大事，它們會自動找上門來的！」

這位老演員是正確的。如果你能學會在時機來臨時識別它，在時機溜走之前就採取行動，生活中的問題就會變得大大簡化了。那些反覆遭受挫折的人經常去對毫不留情的、不懷好意的世界感到洩氣，他們幾乎永遠意識不到：他們一而再、再而三的進行了恰當的努力，但卻在不恰當的時機放棄了。

有一個在雪菲德褲襪公司工作的年輕人，他發現該公司的顧客大多以身材比較正常的女士為主，很少有體型寬胖的女士來購買褲襪。這種現象很快引起了他的注意，於是他和幾個同事進行了專門的市場調查。調查的結果中顯示，有近百分之四十的婦女在為自己特大的臀部而苦惱甚至自卑，調查中還發現這批女人都不穿褲襪，她們認為褲襪對遮掩大臀部無濟於事。

於是他向公司提交了一份報告，建議能夠生產適合體型較大的女士穿的褲襪。在長期的激烈爭論中，一派認為這百分之四十的婦女是不會穿褲襪的，褲襪對她們沒有吸引力，不可能形成市場。另一派認為，這百分之四十的婦女不穿褲襪是因為市場上褲襪不適合她們穿。如果研發一種適合她們的特種褲襪，肯定令她們喜歡。

　　公司經過進一步的市場調查，認為不能放棄這麼大一個市場，決定設計生產一種叫「大媽媽」的新型褲襪。結果，肥胖臀大的婦女穿上這種褲襪後一掃以前臃腫肥胖的形象，讓她們充滿了快樂和信心。進軍市場不到一個月就收到七千多封讚譽信，受到廣大肥胖女士的青睞，銷路一直很好，這個市場的開拓很快奠定了雪菲德公司在特種褲襪的壟斷地位。

　　這個有心的年輕人給公司提供了一個極為珍貴的建議，不僅公司的利潤得到了很大的提高，同時自己也獲得了公司的獎賞和別人的讚譽。年輕人其實也沒有什麼過人的地方，只不過他很注意留心身邊的一舉一動，發現了市場上的空白，從而獲得了成功。

　　我們在追求財富的同時，機遇常常是伴隨著我們成長的，但決定我們命運的不是機遇，而是我們對機遇的看法。如果不同意生產那百分之四十女士需要褲襪的一派決定了最後的結果，那麼這個龐大的市場空白也就此錯過了。

　　許多人都以為會看時機是一種天分，也就是生來就具備的，就像是具有音樂細胞的耳朵一樣。但情況並非如此。透過觀察那些似乎有幸具備這種天分的人，你會發現這是一種任何人只要努力留心都能獲得的技能。

　　為了掌握恰到好處的處理時間的藝術，需要牢記五個必要的條件。

　　首先，要不斷的提醒自己，掌握好時間在待人處世上具有重要意義。莎士比亞曾經寫道：「人間萬事都有一個漲潮時刻，如果把握住潮頭，就會帶你走向好運。」一旦你明確了「看準時機」的全部重要意義，你就朝著獲得這種能力邁出了第一步。

　　其次，和自己訂一項條約，這就是當你被憤怒、恐懼、嫉妒或者怨恨的漩渦所驅使時，千萬不要做什麼或者說什麼。這些情緒的破壞力量可以

毀壞你精心建立起來的「觀時機制」。古希臘哲學家亞里斯多德曾留下一段著名的話：「任何人都會發火的——那很容易；但是要做到對適當的對象，以適當的程度，在適當的時機，為適當的目的，以及按適當的方式發火就不是每個人都能做到的了。這不是一件容易事。」

第三，加強自己的預見能力。未來並不是一本關閉上了的書。大多數將要發生的事都是由正在發生的事所決定的。相對來說，很少有人能透過自覺的努力來設計今後的自己、預測未來的可能性並照此行動。

預見能力在商務中是如此重要，許多公司都把它作為工作取得進展的主要尺度。在管理家務時它也同樣是重要的。星期六會不會是到海灘旅遊的好日子？最好把現成的凍熟肉和三明治麵包放進冰箱裡。你寡居的婆婆健康狀況是否開始衰退？你最好還是面對她可能搬來與你同住或者安排她到——所私人療養院去的可能性吧。掌握好審時度勢的藝術還包括看準將來事情會向何處發展，明白抓住現在這個時機採取行動去減少將來的麻煩或是在將來能得到好處。

第四，學會忍耐。你不能不信服愛默生所說的「如果一個人將自己置於天分的土壤中，並且堅定不移的話，巨人般的世界也會向他讓步。」獲取這種耐力沒有靈丹妙藥，它是一種智慧與自制力的微妙的結合體。但是一個人必須明白，太早／提早的行動往往是欲速則不達。

最後，也是最難的一條，就是學會做一個局外人。我們的每時每刻都是與所有的人共用的，每個人都會從不同的角度去看待周圍發生的事情。於是，真正的把握時機就包括以一個局外人的角色去了解其他人是怎樣看問題的。

一位大慈善家，已故的新奧爾良市的約翰·迪勃特夫人曾經在一個隆

冬的晚上，她翻閱一本雜誌時，她的眼睛被一幅漫畫吸引住了。那是兩位衣衫不整的老婦人在微弱的火堆旁瑟瑟發抖。「你在想什麼？」其中一個問道。另一個回答：「我在想，明天那些闊太太們會把一些保暖的衣服給我們的。」

迪勃特夫人是幾家醫院的贊助者，還是許多慈善事業的捐助者。她盯著這張漫畫看了好一會兒，最後，她爬上頂樓，打開衣箱，把厚實的衣物打了好幾個捆，準備來日就去分發。她決心將自己的慈善活動安排得更合時宜，正像她提出的「去援助那些需燃眉之急的人們」。要想享受成功的人生，你必須學會抓住時機，審時度勢。

機遇總是照顧那些「有心」人

> ### 成功金言
>
> 敏感型性格最大的特點就是在別人還沒競賽之前，他的想像力之箭就已射出。他們往往是開闢新商機，創造新財富的人。

成功離不開機遇。當機遇驀地降臨時，敏銳的頭腦就顯得更為重要。

機遇總是照顧那些有心人。它總是在那些無意留心的人身邊匆匆溜走。當然，有心還要有魄力和決心，假如你覺得這是一個機遇，卻總是瞻前顧後，猶豫不決，生怕失敗了會血本無歸。那麼，你怎樣的期待停留下來都是無濟於事的，有些人認為，一些人之所以不能成功，並不是因為沒有機遇，並不是得不到命運之神的垂青，而是因為他們太大意了。他們的大意使他們的眼睛渾濁而呆滯，因而機遇一次一次的從他們的眼前溜走而

自己卻渾然不覺。

對於某些想要成功的人來說，要想捕捉機遇，就必須擦亮自己的眼睛，只有這樣，你才能夠在機遇到來的時候伸出自己的雙手，從而捕捉到成功的機遇。

在美國，有個年輕人由於長期受到老闆的戲謔、同事的嘲諷，這讓他十分的沮喪，情緒一度低落、壓抑，到了最後竟然得了憂鬱症，為此，他不得不去看心理醫生。

醫生給了他一個奇怪的建議，他說：「如果你想發洩你心中的怒火，我們會給你提供一項特殊的服務，你只需要二十元就可以獲得一次發洩的機會，我們玩一個『報復者』遊戲，你可以隨便打我人體的有效部位，直到你認為滿意了為止。」

這個年輕人覺得很奇怪，但是也覺得很有趣，雖然他沒有去打這個醫生發洩，但這不禁給了他某種靈感。他想原來打人、甚至發洩也可以賺到錢，於是他就找了做玩具的朋友說了自己的主意：是否可以做一種讓人們發洩的玩具？讓那些平日裡在現實生活中受到各種難以忍受的壓力、想發洩而又不能直截了當的發洩的人得到滿足。

這個主意得到了朋友的讚許，於是兩個人合力研究出了一種「報復者」玩具，玩具一上市，果然受到不少人的青睞，銷路出奇的好。他們又開設了一家專門供人們洩憤的「發洩中心」，「中心」裡面擺放著各種各樣的供人們去打、翻滾、怒吼的假想對手。只要你關上門任由發洩，直至筋疲力盡、悶氣泄盡為止。生意十分的興隆。

一次偶然的看病機會，給了這個年輕人無限的靈感，撥動了他敏銳的觸覺。因為他知道，像他這樣的每天都在緊張繁重的生活中度過的人

很多，他們需要放鬆自己，需要讓自己成為主角，而不是每天都在壓力中度過。

有些人天生就有一種敏銳的觸覺，與生俱來的有一種觀察的興趣和能力，他們很在乎身邊人的一言一行，把觀察當作一種隨心所欲的事情來看待，而不是把它當作一種責任。

但只要我們有心做一個具有敏銳觸覺的人，只要我們在後天的實踐活動中不斷培養，也是一樣可以形成這種敏感度的，任何人只要勤奮努力就能擁有。擁有了敏銳的觸覺，我們創業的步伐就會加快，我們離成功致富的彼岸就會更近。

那麼觸覺與成功致富又有什麼必然的聯繫呢？在一般人眼裡，這兩者似乎很難聯繫起來。其實並非如此，我們常說創業的人要善於抓住機會，機會真正來到你的面前，你靠什麼來判斷它是不是真正的機會呢？靠的是優秀的觸覺，如果你沒有敏感的觸覺，機會也許就和你失之交臂。

還有，我們還經常說，善於創業者也是最善創新的，創新固然需要有創新的意識和能力，但創新的目的是什麼呢？難道僅僅是為了創新而創新嗎？肯定不是。創新是為了使自己的創新成果能夠有用於社會，並能為自己創造可觀的財富。

對於那些想在商海闖蕩，欲創辦自己企業的創業者來說，敏銳的觸覺，特別是敏銳的市場觸覺更是不能缺少的重要素養之一。

王填出生在一個偏僻小山村。他家祖祖輩輩都是農民，生活過得非常艱苦。為了擺脫那種面朝黃土背朝天的日子，從小就非常懂事的王填努力讀書，決心改變自己的人生。

王填不負眾望，考上了商業學校。當時，讀商業學校的學生有許多是

有錢人家的公子小姐。可是王填倒不嫉妒，他反而想：花父母的錢不算本事，靠自己能力賺來的錢才算真本事。有一天，王填去商店買課本，聽到店老闆與顧客為沒有熱水瓶的內膽而爭執。聰明的王填動了下腦筋一想，如果專門賣內膽肯定能賺錢。

王填在做內膽銷售上開始了小範圍內的攻城掠地，兩年來他幾乎將該城市大學、大專院校的內膽生意壟斷了。

畢業後的王填來到食品公司上班，半年後他從一個打雜工變成了採購員，負責公司的食品採購工作。王填又因業務突出，被公司任命為業務科長。在王填的努力下，把國外大廠從合資企業引進到本市來，甚至隔壁縣市的店家也都來這食品公司進貨。

後來，王填主動要求離職，決定繼續做食品零售。他借款二十五萬元成立了食品公司。當時做食品批發，二十五萬元頂多只能進半車植物油。要想改變這種狀況，只能做新產品。選來選去，王填選擇先做泡麵生意。經過一系列談判工作，王填擁有了泡麵的經銷權。

泡麵運到城市後，銷售趨勢出奇的好。有一次王填去做市場調查，發現泡麵在郊區商電尋不到蹤影。於是改坐銷方式為推銷。在推銷的方式下，不出半年他就建立了大約八百多家的分銷終端網路，取得了眾多供應商的支持。公司的名氣越來越大。

為了引進金龍魚的經銷權，可讓當時資金緊張的王填費盡了腦子。想來想去，王填終於想到了好方法，與另外一店家合作，互相支持，於是王填又很快把金龍魚的經銷權搶到手中。

王填的連鎖超市生意的火熱，讓其他店家看到了商機，從而引發新一輪的商業競爭。為避免惡性競爭，王填決定在中小都市尋求發展。時機成

熟時，再向大都市進軍。以倉儲式購物、低成本運作、低價格經營的量販廣場開張了。

王填又創造了商業的一個奇蹟。幾年來，王填將公司發展成該城最大的連鎖超市之一，分店遍布各地。

西方有句諺語：「幸運之神不會眷顧你兩次。」沒有人能夠一而再的遇到好機會，一旦得到，就要好好把握，千萬不可任由它輕易溜走，真正的良機確實很少重現。

生活中並不是缺少財富，而是真正缺少發現的眼光，這樣的道理同樣也存在創業的每一個階段。只要你是一個善於捕捉機遇的人，哪怕在喝茶的時候，我們也一樣可以發現財富和金子。機遇有時是靠自己去爭取的，如果你的人生因為你的獨具慧眼而變得更加精彩和有分量，那你願意錯過現在身邊潛伏著的一次次機遇嗎？

敏銳的觸覺是一點也粗心不得的，對於一個急切盼望成功的人來說尤其重要。當你想在一個領域內有所作為，那麼首先這個領域內要有很大的市場需要，你的事業就成功了一半。敏感型性格的人，往往就具有這種常人所沒有的敏銳觀察力，他們的財運也因此比別人來得早。

觸覺靈敏的人想像力是非常豐富的，創造力非凡，其對身邊資訊的敏銳感是無與倫比的，他們善於發現商機，掌握資訊，往往能在別人未出手之前就出手，從而使其大獲其利。

先織好網，等待獵物到來

　　蜘蛛為了捕獲獵物，總善於先織好網，等待獵物到來。這是把成功的機會掌握在自己的身上。這就是「蜘蛛精神」。

　　一位老教授退休後，巡迴拜訪偏遠山區的學校，傳授教學經驗與當地老師分享。由於老教授的愛心及和藹可親，使得他到處受到老師及學生的歡迎。

　　有一次，當他結束在山區某學校的拜訪行程，而欲趕赴他處時，許多學生依依不捨，老教授也不免為之所動，當下答應學生，下次再來時，只要誰能將自己的課桌椅收拾整潔，老教授將送給他一件神祕禮物。

　　在老教授離去後，每到星期三早上，所有學生一定將自己的桌面收拾乾淨，因為星期三是每個月教授例行前來拜訪的日子，只是不確定教授會在哪一個星期三到來。

　　其中有一個學生的想法和其他同學不一樣，他一心想得到教授的禮物留作紀念，生怕教授會臨時在星期三以外的日子突然帶著神祕禮物到來，於是他每天早上，都將自己的桌椅收拾整齊。

　　但往往上午收拾妥當的桌面，到了下午又是一片凌亂，這個學生又擔心教授會在下午到來，於是在下午又收拾了一次。想想又覺得不安，如果教授在一個小時後出現在教室，仍會看到他的桌面凌亂不堪，便決定每個

小時收拾一次。

到最後，他想到，若是教授隨時會到來，仍有可能看到他的桌面不整潔，終於小學生想清楚了，他必須時刻保持自己桌面的整潔，隨時歡迎教授的光臨。

老教授雖然並未帶著神祕禮物出現，但這個小學生已經得到了另一份奇特的禮物。

假如你希望獲得成功，就要為它創造條件。許多人終其一生，都在等待一個足以令他神往的機會，而事實上，機會無處不在。關鍵在於，你應該時刻保持心靈桌面的整齊，為把握機遇做好準備。

假如你希望獲得成大事，就要為它創造條件。

查理在被問及是什麼導致了你的成大事？你怎樣取得了最大的成大事的問題時。他這樣回答：「我能確切的告訴你，因為這似乎就發生在昨天。在大學讀書期間，我與一個從愛荷華州來的同學同住一間寢室。一天晚上，當我們一夥人團團圍坐談論生活時，他走了進來。我敢說他很興奮，但是在大家離開前他沒說什麼。人們剛走，他就禁不住脫口而出：「我家發財了！我的母親今晚打電話給我，說今天早晨，她去信箱取郵件時，發現一張票額九萬美元的支票。」

「最初的驚奇之後，我的反應是難以掩飾的嫉妒。我向他了解事情的全部經過。「他說：『我了解的也不夠確切，但是我猜測是這麼一回事：我父親在一九三〇年代經濟蕭條時買了一些股票，後來全忘了。最近這公司正好拍賣了，這錢就是這樣來的。」』

這位成大事人士繼續說：「那個晚上我躺在床上，很久睡不著，在想：『為什麼這事發生在他家裡，而不是我家裡？為什麼是他得到了錢而不是

我得到了錢？』最後，我試圖系統的分析這件事。

「我想：在我的生活中有什麼機會可能給我帶來這樣一筆橫財呢？我悲哀的意識到什麼機遇也沒有。我沒有能漲值的股票，而且，據我所知，我家也沒有。我既沒有一塊或許會突然發現儲藏石油的土地，也沒有可能被證明是名作的藏畫；我也沒有什麼才能能讓人在一個夜晚奇蹟般的發現了，從而一舉成名 —— 我沒有任何能使我馬上發跡的東西。躺在床上，我默默告誡自己：『查理，假如你希望在你的生活中也獲得那樣的機遇，你必須播種，而且最好多播種，因為你尚不清楚哪一粒種子會發芽。』從那以後，我一直在播種。有幾粒種子已發芽了，因此我才有今天這樣的境況。」

這就是計畫者。他們透過播種，在自己的生活中取得成大事。俗話說「種瓜得瓜，種豆得豆」、「一份耕耘，一份收穫」，如果你想體會收穫的驚喜，那麼不要徒羨別人的運氣，以後你想得到什麼，現在就開始為將來的收穫播種吧。常言說：「與其臨淵羨魚，不如退而結網」。播種機會就像蜘蛛布下八卦陣般的蛛網一樣，捕捉飛來的獵物將是指日可待。

抓住機遇，首先必須發現機遇。生活中處處充滿機遇。社會上的每一項活動，報刊上的每一篇文章，人際中的每一次交往，生活中的每一次轉折，工作上的每一次得失等等，都可能給你帶來新的感受、新的資訊、新的朋友，全都可能是一一次選擇，一次機遇，是一次引導你走向成大事的契機，問題在於你自身的素養，在於你是否能發現每一次機遇。不要以為機遇難尋，其實機遇就在我們的身邊，甚至就在我們的手上。

也許你不信，你會問機會究竟是什麼呢？實質上機會是一種有利的環境因素，讓有限的資源，發揮無窮的作用，借此更有效的創造利益。具體

的說，在特定的時空下，各方面因素配合恰當，產生有利的條件：誰人最先利用這些有利條件，運用手上的人力、物力，從事投資，誰就能更快、更容易獲得更大的成大事，賺取更多的財富。這些有利條件便是機會。

機會有三項要素，即資源、利益和條件的配合。

資源包括個人的知識、技能、人際關係的技巧、智慧、財富、膽量等等，也包括機構或企業的人才、資本、科技、設備、現有的產品或服務，諸如此類。

利益是機會的主要內容，也是創造機會的主要目標。一種條件如果不能為人們帶來利益，那就不是機會。利益可以是金錢的收入、名譽的提升、形象的建立或改善；而建立聲譽和形象最終也會帶來金錢的收入。利益在不同行業裡各有不同的具體表現，例如：酒店業要求客房的人住率保持高水準，百貨業要求貨品流通迅速。而擴大市場占有率、提高利潤、降低成本等，是各行各業同樣的追求。

條件的配合是指客觀環境和創造機遇者的主觀條件互相配合。首先是客觀因素的變化，造成有利的投資環境。例如經濟復甦，人口激增，可用的土地有限，造成地價急漲，這是把資金投入的產市場的有利環境。其次是指創造機遇具備足夠的條件去利用這個有利的環境，例如買地、發展土地所需的資金、技術、人才等，以創造機遇者個人的眼光、膽識和決斷力等。最後是指主、客觀因素剛好配合，例如：在地價快要急漲時，先已預見這個趨勢，又具備投資的各項條件。

靠悟性登上機會的「快車」

成功金言

是人創造了機遇，而不是機遇創造了成功，只要你不斷的改變自己，提升自己，機遇自然會拜訪你，成功也會與你有約。

成功者不僅僅眼光敏銳，而且能夠透過悟性發揮優勢，進退自如，運籌帷幄，才能在殘酷的市場競爭中處於不敗之地。

侯曉軍就是這樣一個有著超乎常人的生意意識的人，在他離職的那一年開始了白手起家。他賣過電風扇，做過印刷，最後在汽車裝飾領域成就了自己人生的夢想。

自打高中畢業後就在電訊元件廠裡工作的他，從學徒到班長、工段長、直到生產線主任，一做就是二十年。侯曉軍說，他做夢也沒想到自己會離職，離職後整整兩個星期，他足不出戶，不是蒙頭大睡，就是喝酒。

這時，侯曉軍的一位朋友給他提供了一個活。這位朋友手裡有批積壓的電扇，讓他推銷，每賣出一台可收入五十元。他哪會推銷，但是不走出去怎麼辦？儘管從沒做過推銷的工作，但為了生存，侯曉軍還是決定試試。他挨家挨戶的上門推銷，可大多數人還沒等他把話說完就擺擺手拒絕了。七月的熱浪滾滾，侯曉軍背著一個大背包，在繁華的市中心，一家一家商場挨著詢問。半個月過去了，侯曉軍沒推銷出一台電扇。直到七月下旬的一天，在一家綜合商店裡，一位女經理詢問了價格和進貨管道後，竟當場訂貨兩百台，並要求第二天送貨。侯曉軍幾乎是一路跑回朋友處去取貨。儘管因故他只娶了一百台，但也淨賺了五千元。

年僅四十歲的侯曉軍胸懷家人湊的三萬元隻身來到都市。由於在都市裡沒有一個熟人，年屆四十，僅是高中畢業的侯曉軍直到年末整整六十天仍沒找到一份工作，而身上的錢已所剩無幾，「儘管沒有賺到錢，可是我從來沒有放棄的念頭，總想著會有機會的。」

六個月後，一家小型彩色印刷廠聘用他為「經營部經理」，實際上就是做推銷。老闆給了他一輛破舊不堪的自行車。他就騎著這輛老爺車每天穿梭於都市的大街小巷。有了以前的推銷經驗，侯曉軍這次老道了許多。他敏銳的發現，對沒有什麼技術的小彩印廠，大批量的寶特瓶是主要的業務機會。於是出現了這樣的奇觀，在都市的大街上一個中年男人騎著輛破自行車狂追一輛輛公共汽車，還不時停下來記著什麼。侯曉軍抄下公車身上印的礦泉水廠商的電話進行聯繫，許諾他印刷商標可以比現在商標的印刷價格便宜，並保證品質。在其他同事疲於尋求印一兩盒名片、包裝盒、包裝紙的機會的時候，他卻拉到了大批的礦泉水商標印刷業務。印刷廠老闆決定，讓出廠裡百分之十五的資產作為侯曉軍個人的股票，並讓他參與分紅。這段痛並快樂著的經歷磨練了侯曉軍的經營意識。他發現在汽車裝飾行業正在逐漸成為明星產業，眼皮子底下的一些小小的汽車裝飾店很快擴展了規模。

當時在汽車美容裝飾業剛剛興起，進行汽車裝飾裝修的只有路邊的幾家小店。當時的汽車經銷商在賣出新車後並不承攬新車的裝飾裝修業務，顧客在買車後得開著車滿城去找汽車裝飾店，規模和服務都滿足不了需求。

他多次連續數天守在汽車銷售公司的門口，觀察每天的銷量。經過多次市場調查後，侯曉軍決定放手一搏，把賺的五十萬元和向親戚借的三十

萬全部投入汽車裝飾公司。侯曉軍的「汽車裝飾有限公司」第一家店開業了，公司連侯曉軍在內僅有六名職員，不比其他店醒目多少，如何才能招徠生意呢？

透過調查，侯曉軍發現，買車人一般都到大的汽車銷售公司，考慮的就是個信譽，要做汽車裝飾，肯定也會比較相信這些銷售點。另外要確保買主把買車和裝飾、裝修一次完成。

於是，侯曉軍找到當時最大的汽車經銷商公司，要求在公司的汽車銷售點租賃一塊地方，設立汽車裝飾有限公司的業務點，汽車裝飾公司向銷商公司繳納租金，雙方一拍即合。侯曉軍這次真的看準了市場的脈絡，開店第一個月，收入就達到十萬元。

隨後，侯曉軍繼續透過這種方式進駐了五大汽車經銷點。穩定的客源帶來了巨大的利潤，短短一年多的時間，侯曉軍的汽車裝飾有限公司與五大汽車經銷商都建立了良好的關係，完成了資本的累積。

這種「服務跟進銷售」的經營模式使公司一舉成為新車裝飾裝修行業中的老大。

後來，雄心勃勃的侯曉軍沒有沉浸在眼前的勝利，而是飽含熱情的決定進軍舊車裝飾裝修業。當時一些汽車裝飾店「來一個宰一個」，用偽劣產品冒充高檔產品，侯曉軍卻堅持品質。他積極聯絡大型的公司車隊，上門服務，提出與顧客「一次握手，永遠是朋友」。他把顧客的資料全部輸入電腦進行管理，保證服務品質，加強售後服務，並每年一次向所有客戶發一封問候信。服務到位，使公司業務量急劇上升，從一個不起眼的小公司發展成一個資產逾千萬的集團公司。

世界上的萬事萬物在其發展過程中總會隱含一些決定未來的玄機。對

於創業者來說，如果能夠把握住這種玄機，那麼就意味著創業者就可以握住未來；把握住了未來，也就是把握住了成功。

創業者如何才能把握住事物發展中的玄機呢？這就需要創業者要對所有事物、特別是與自己關係密切的事物保持一種靈敏的觸覺，這種觸覺也就是一個人的悟性，如果有了這種觸覺和悟性就很容易把握住事物發展的玄機。

所以，對於創業者來說，在創業的時候一定要培養自己靈敏的觸覺，一定要把自己的悟性培養出來，這樣在機會來到的時候，你就能夠順利的登上機會的快車。

所謂機會也就是那種可遇不可求的好時機，它的來到就如同一列快速的列車一樣，而每一個想要登上這列快車的人，根本不可能在它到來時再手忙腳亂的去抓它，到那時你想抓住它就很困難了。你想登上它，就得提前做好準備。比如說你的精神首先要高度集中，以便能隨時隨地在它來臨的時候有迅速登上它的準備；其次，你還得事先活動活動筋骨，以保證在它來到時你能夠四肢敏捷的一躍而起，登上列車。

記住，如果你有值得追求的目標，你只須找出為什麼你能達到這個目標的一個理由就行了，而不要去找出為什麼你不能達到你的目標的幾百個理由。

憑勇氣面對各種機遇

> ### 成功金言
>
> 機遇的出現是沒有規律可以遵循的。善於抓住機遇的人，處處是機遇；輕視機遇的人，即使良機來敲門，也會錯過。

很多商人在經謀生意時，缺乏膽識，在風險面前瞻前顧後，老是擔心這個，擔心那個，結果因為懼怕承擔風險而失去最誘人的「起司」。只有用那些有勇氣去面對各種機遇的人，才會永遠擁有美味的「乳酪」。

何建國有一句名言：「池塘就像一個地區，企業就好比生活其中的魚。池塘裡若都是小魚，那麼池塘裡的空間、資源是夠的。但是小魚總會長大，小魚成了大魚就會從一個池塘跳到另一個池塘去。所以要是想做大做強，對外投資是必經之路。」何建國從創辦集團的初始就是要有所成就。也因為他一直心存此念，這些年，他一直把產業當作自己的事來做，所以他才會不斷的尋求更大的發展空間。

一九八五年，何建國還是一個工廠的推銷員，推銷員總是天南地北地跑，一次偶然的機會，他碰到了某集團的老闆。兩個人在閒聊之餘，集團的老闆告訴他說冰箱的繼電器也得靠進口，聞聽此言，何建國十分震驚，但在震驚之餘，他想到更多的是行動。何建國把他的想法落實到行動上，創辦了電器廠，傾注了他的決心和為此而奮鬥的希望。

電器在何建國的經營下，還算發展的有聲有色，再加上依託在這個大的經濟環境中，可以說是乘東風而上，一路運氣好。在電器突飛猛進的一九九○年代，何建國卻已為當地電器企業的生存而憂慮：柳市狹小的平

台上，短短幾年，就出現無數電器廠、電器集團。表面上看起來這是好事，一個小小的鎮就有這麼多的電器老闆，但實際上，過多的生產電器，銷路跟不上，這必將導致惡性競爭，進而引發「價格大戰」。如果真到了那一步，那後果將不堪設想。如果這麼多電器工廠的存在無法給社會帶來更多財富，反而會因為陷入價格戰的泥淖，破壞整個市場環境，豈不是跟自己當初的設想背道而馳？何建國的想法是好的，而且他能這麼想，也說明了他已經看透了當時的情況。但問題是，這麼多的電器企業，能夠在競爭中生存下去的，也許只有寥寥幾家。那麼，怎麼避免自己不在競爭中慘遭淘汰呢？難道僅僅是被動等待嗎？當然不是。何建國不是那種會被動等待的人，他想，這裡既然路子越走越窄，那我們何不走出這裡，到外面廣闊的世界裡去尋找更廣闊的空間？

何建國為他自己的這個想法興奮。他在一番深思熟慮之後，帶著他的集團突然從該市的電器行業中消失了。從一九九六年開始，何建國帶著他的集團一直在實踐他的這個設想：帶領集團尋找合適的土壤生根發芽。時至今日，已經二十二年的時間了，在這二十二年的時間中，集團走出了一條與其他企業不同的發展之路：參與政府企業改革，透過租賃、入股、承債及控股等方式併購了包括高壓開關總廠和變電器廠在內的十六家企業。

與此同時，很多企業看到了何建國的成功，也紛紛參與政府當地的改革和行業整合。

經過近十多年在投資的摸索，何建國已經有了非常切身的體會，他把兼併的過程看成為「優勢互補」：人家看中的是我們靈活的管理體制和行銷網路，而我們看中的是人家的技術、人才和品牌優勢。

二十世紀西方國家一度盛行的企業兼併熱潮曾被視為企業快速做大做

強的最佳方式。但不久人們發現，企業兼併、聯合存在諸多內部問題。那麼，作為企業快速做大做強的最佳方式為什麼沒有讓企業走向更加繁榮，反而紛紛落馬呢？一個重要的原因就是「理念不相容」。

何建國對這個問題進行了深刻的思考。大家都知道，要融入一個企業，需要改良企業的理念，那麼要融入一個地區呢？何建國非常清晰的意識到：必須要給這個地區滲透「商人的經營理念」，要兼併這個地區的企業，就必須讓這個地區的企業適應自己的經營方式。傳播一種經營的理念，不像是講一堂課那麼簡單，而需要一個平台，需要有一個強勢的管理。就在這個時候商會應運而生了，而敢做敢為的何建國被大家推選為商會的會長。

三年多來，商會發揮民間商會的網路優勢，以商引商，協同政府積極拓展經濟技術合作的新領域。不僅幫助企業論證項目，協調銀企關係，發揮橋梁和紐帶作用，還引導和鼓勵政商參與，並取得了可喜成績。

查爾斯‧Ｆ‧凱特林說過：「勇於嘗試，那麼在某件事上栽跟斗可能是預料之中的事；但是，從來沒有聽說過，任何坐著不動的人會被糾倒。」是的，如果不去嘗試，只是想著如何享受，那麼，根本不會有失敗之類的風險。可是，同時也少了成功的喜悅。

因此，勇氣對於創業乃至任何事情都是極為重要的。心理學研究表明：「人對於未知的事情會有一種陌生感，陌生感會產生恐懼感，恐懼感會使人裹足不前，不敢去接觸那件事情，越不接觸就越恐懼，形成惡性循環。使人消除恐懼感的唯一辦法就是去接觸那件事，而且越快越好。」

你不理機遇，機遇就不會理你

成功金言

對懶惰者而言，即使是千載難逢的機遇也毫無用處，而勤奮者卻能將最平凡的機會變為千載難逢的機遇。

機遇藏在哪裡？很多人不善於培養自己發現眼前機遇的習慣，總以為機遇遠在他方。成大事者都是有心者，都習慣發現眼前的機遇，因為機遇是不會主動「暗送秋波」的。

著名的美國猶太實業家、政治家和哲人伯納德·巴魯克，二十多歲就已經成為人人皆知的百萬富翁。同時，在政壇上也鵬程萬里，扶搖直上，從而贏得事業、權力的雙豐收。後來，他被總統威爾遜任命為國防委員會顧問和原材料、礦物和金屬管理委員會主席。時隔不久又被政府任命為軍火工業委員會主席。一九四六年，巴魯克的政績又躍上一個新台階，他有幸成為美國駐聯合國原子能委員會的代表，在七十多歲的高齡時依然雄風不減。當年，他曾提出過建立一個以控制原子能的使用和檢查所有原子能設施的國際權威的著名計畫 ──「巴魯克計畫」，這就是原子能機構的雛形。

跟很多的猶太商人一樣，在創業伊始，巴魯克也歷盡千辛萬苦，正是因為他擁有一雙善於發現事物之間聯繫的眼睛，在常人看來是風馬牛不相及的事情，巴魯克卻發現它們之間存在的聯繫，從這種聯繫中找到屬於自己的發財機遇，並一夜致富。

巴魯克二十八歲那年，即西元一八九九年的七月三日晚上，他從家中

的廣播裡忽然聽到一個消息：聯邦政府的海軍在聖地牙哥消滅了西班牙艦隊。這意味著持續了很久的美西戰爭即將告一段落。

這天正好是星期天，第二天即七月四日，也就是星期一，以往，證券交易所在星期一不營業，但私人的交易所則依舊工作。巴魯克馬上意識到這是一個千載難逢的發財機會，如果他能在黎明前趕到自己的辦公室並大把吃進股票，那麼就能大賺一筆。

然而在十九世紀末唯一能跑長途的只有火車，但火車晚上停止運行。為了把握這稍縱即逝的機遇，巴魯克用天價在火車站個人承包了一列專車，火速趕到自己的辦公室，黎明前做了幾筆讓人羨慕的生意，上午，他的股票價值就翻了幾倍。

機遇就像天資、稟賦一樣，它只提供一個機緣，一個條件，一種可能。最有希望成功的，並不是才華出眾的人，而是善於利用每一次機會，並全力以赴的人。人生活在世上有沒有雙手並不重要，重要的是你是否有伸出雙手的意識。

邁耶本來是一個生活艱辛的巴黎印刷推銷員的兒子，為了養家糊口，他十六歲時不得不離開學校，在巴黎證券交易所當一名送信員。這年夏天、邁耶撞上了他的第一次好運。他的姐夫受雇於巴黎的一家小銀行──鮑爾父子銀行。此時第一次世界大戰爆發了，他的姐夫應徵入伍，邁耶趁機申請並獲得了這個空缺職位。這次機遇的把握，不僅使他從此闖入了銀行界，而且由於戰爭造成的銀行工作人員大量流失，使他在十六歲時就得以自由的學習這個行業所有的東西。很快，鮑爾銀行有個精明的年輕人的消息就很快的在銀行界傳播開來了。

一九二五年，法國金融界聲譽很好的拉紮爾兄弟銀行的老闆大衛‧韋

爾看上了邁耶，他認為邁耶是個可造之材。大衛·韋爾問他是否願意加入拉紮爾。邁耶很感興趣，但他提出了一個問題：我多久才能成為合夥人？大衛·韋爾未置可否，邁耶也就婉拒了這個邀請。

　　一年過去了，大衛·韋爾重提此事，條件是：有一年的試用期，如果邁耶的表現有大衛·韋爾想像得那麼出色，那麼一年後邁耶就可以成為拉紮爾的合夥人，反之，邁耶就得離開拉紮爾。這次邁耶立即接受了。

　　邁耶沒有辜負大衛·韋爾的期望，一九二七年，邁耶如願以償的成為拉紮爾的合夥人。但是，邁耶並沒有滿足於這個成就；他還在尋找新的機遇，他的追求是想成為一個名副其實的銀行家：為公司的發展出謀劃策、安排交易、籌措款項，同時為銀行尋找有利可圖的投資機會。邁耶認為這才是拉紮爾的主要活動所在。

　　第二年，邁耶的運氣來了 —— 拉紮爾銀行在這年成為實力雄厚的雪鐵龍汽車公司的主要股份持有者。這時，雪鐵龍公司首次引進了賒銷汽車的辦法，這種辦法是透過雪鐵龍的一家子公司 ——「賒銷汽車公司」，法文簡稱為「索瓦克」來實施的。

　　然而，雪鐵龍的老闆只把「索瓦克」當作他的汽車促銷工具，而邁耶馬上想到了「索瓦克」更多的用途，比如賒銷家用器具、工程建築材料甚至房產等等，他建議大衛·韋爾聯合另外兩家銀行買下「索瓦克」，把它變成一個業務範圍廣泛的消費品賒銷公司。

　　雪鐵龍的老闆認為邁耶的建議對雪鐵龍沒有壞處只有好處，「索瓦克」將繼續銷售雪鐵龍汽車，不銷售其他品牌汽車，還將從事其他領域的量務。「索瓦克」的轉手，使雪鐵龍不必再拿出資金用於銷售了，這對於資金來源相當吃緊的雪鐵龍來說，是很受歡迎之舉。這一建議也得到大衛·

韋爾的同意。

於是，邁耶四處活動，最後找到了兩家合夥公司，一家是「商業投資托拉斯」，當時全美最大的消費晶賒銷公司。另一家是摩根公司，世界上最負盛名的私人銀行，他們兩家都答應購買股份。

有了合作夥伴，接下來就是尋求作為銷售機構的商業客戶，他很快的就與著名的電器製造公司凱爾文‧耐特簽訂了合約。隨後店家紛紛找上門來，這樣「索瓦克」開始運轉，它給投資者帶來了持續不斷的利潤，時至今日，它仍財源不斷，勢力強大。

「索瓦克」成功的經營模式，讓金融界知道，邁耶是一個成熟的銀行家，他不僅能設計出一個宏大的構想，而且還表現出了使這個構想得以實現的決心和能力。

在追求財富的過程中，機會像流星一樣極易逝去。它燃燒的時間雖然很短，卻往往能帶來巨大的能量。也許只有那麼一次小小的機會，卻能讓我們大發其財，成為巨富。

第 6 章 抓住機會

第 7 章 駕馭情緒

　　我們可能時常會遭遇不良情緒，有的即時發洩，有的努力消化，有的悄悄轉移……我們可能沒有意識到，那些被藏入潛意識中的，正悄悄的傷害著我們。絕大多數情況下，這些未被我們直接表達的情緒，會間接的透過誤會、衝突、憂鬱等各種形式發作出來。

—— 成功學大師卡內基

仇恨就像一把雙刃劍

成功金言

> 仇恨作為最黑暗邪惡的一種情感，它破壞了人與人之間的關係，摧
> 毀了我們的社會，葬送了不可勝數的生命，也吞噬了我們的健康。

很多人都說過，世上最可怕的不是搶劫，不是殺戮，不是死刑，而是人與人之間相互憎恨的情感，可怕的是人的仇恨心理。

一個年輕人在一家酒館暢快的痛飲著，好像一天要把一生的酒都喝光似的。酒館服務員有些不安，就試探著問他：「先生，您喝了這麼多酒啊？」

年輕人很解氣的說：「我今天要喝個痛快，等一會我要做一件積壓在心裡很久的事。」服務員不解的問：「什麼事呢？」

「我天生駝背，有一個十分討厭的傢伙，每次遇到我都會在我背上重重的拍一巴掌，這讓我感覺很不舒服。我告訴過他很多次了，別這麼做，可他就是不聽。現在，我已經在自己的後背上暗藏了一個炸藥，過一會，我就要去找他，等他再拍我的時候，肯定會把手炸個稀巴爛！」他很解氣的說。

服務員嚇得目瞪口呆：「啊！那你不是也被炸死了嗎？」

「無所謂，只要能看到他的手炸得稀巴爛，我比什麼都高興。」

看了上面的故事，也許你會笑他愚蠢之極。不過回過頭來想一想，自己是否也常常做出這種傷人又害己的事情呢？當你在受到外界或他人的傷害後或者外界滿足不了自己的某種欲望時，你的心中是否也曾產生這

樣一種報復心理呢？仇恨就像一把雙刃劍，在刺傷別人的同時，也會傷到自己。

報復心理是指以幻想甚至計畫以攻擊的方式，對那些曾給自己帶來傷害或不愉快的人發洩不滿的一種心態。

在日常生活中，有兩種人容易產生報復心態。一種是「悶罐」型，這類人往往心胸狹窄、嫉妒心強，遇到挫折後，對主管、同事產生敵對情緒和報復行為。另一種是「炮彈」型，這類人遇事激動，脾氣火暴，性情急躁，凡事急急急忙忙，爭強好勝，容易動火，遇事不能冷靜下來，易產生偏激的報復心態。

產生報復心理的原因很多，主要有以下幾個方面：

(1) 在個人的物質、精神需要得不到滿足、又不能正確對待時容易產生。

(2) 在遭到領導、朋友、家人及親屬的善意批評時，認為是某人和他「過不去」，產生報復心態並實施報復手段。

(3) 在婚戀生活出現問題，尤其是相戀了許多年，花了大量錢財後，戀愛對象提出分手，就感到被矇騙、被耍弄、被拋棄，憤怒的情緒難以排解時就會產生強烈的報復之心。

(4) 在與別人發生矛盾時，不能正確對待，用犯罪手段發洩、報復他人。

(5) 在遭遇不公正對待或遭遇突發事件而承受不住打擊。

(6) 在朋友遇「難」需要「兩肋插刀」，出於哥們義氣，或親人受辱，不靠組織解決問題，用暴力為朋友、親人討回「公道」。

仇恨是人性中的一處心理死結。它就像盤踞在心靈上面的一條毒蛇，當人能控制它時，它就不會帶來危害，可一旦它失去控制，就會給人帶來致命的傷害。

（1）報復心理是走向犯罪深淵的根源。

人的行為都是由意識所支配的，意識的產生是人類深思熟慮的昇華所在。報復心理發展到不可控制的地步，常常會失去理智，導致犯罪。下場是極其可悲的。

英國哲學家培根說：運用違法手段報復他人，將使你的仇人占兩次便宜。一次是他冒犯你時，二次是你因為報復他而被懲罰時。儘管培根所說的報復行為與我們所說的報復行為有所不同，但我們仍可以從中悟出一個道理，那就是以違法行為實施報復者必然自食其果。

（2）報復心態是影響人身心健康的根源。

當一個人的心理累積了過多戾氣，他就會變得身體僵硬，做事偏激，易怒，卻又膽小，氣息虛弱，思維混亂，精神緊張而缺乏安全感。人是一個身心健康不可分離的整體，對於一個健康的個體來講，也應該同時兼顧這方面。心理是人類行為的主宰，只有健康的心理才能導致健康的行為，才能擁有一個幸福，充滿人性的人生。所以，一個明智的人，都應該選擇一條通往心理健康之路。

在生活中，人們總會遇到很多不如意的事，或是與人發生矛盾，難免有「以其人之道還治其人之身」的心理。但這樣做不但不會給自己帶來好處，很可能觸犯法律，引起悲劇。同時，報復心態對健康也有百害而無一利。怎麼樣消除自己的報復心態呢？

（1）拓展視野，成長見識。

俗話說，壺小易熱，量小易怒。一個見多識廣的人，不會為眼前的得失而感到迷惑和憤怒，也不會為了生活中的小事而激動。把時間多花在成

長見識上，就不會把別人對自己的偏見與評價放在心上，自然也就消除了報復心態。

（2）用寬容淡化仇恨。

釋迦牟尼說：「以恨對恨，恨永遠存在，以愛對恨，恨自然消失。」當仇恨充斥著你內心的時候，你應該懂得用寬容去化解一切怨恨，讓大家都生存在寬容的陽光和清風下。

（3）學會換位思考。

在人際交往中，不可能沒有利害衝突。我們在遭受挫折或不愉快時，不妨進行一下同理心，將自己置身於對方的境遇之中，想想自己會怎麼辦。只有設身處地，以心換心，才能真正理解人，從而摒棄報復心理。

（4）多考慮報復的危害性。

當想要報復他人的時候要先想想：從報復行為中體會到一時的「解恨」和給報復對象造成危害時，自己會不會得到對方更大的反報復？會不會受到社會輿論的譴責？會不會觸犯刑律？須知，欲加害於他人的人，最終多半是害了自己。

每個人受到傷害以後，都會想盡辦法減輕自己的痛苦，這是人的生存本能，無可厚非。可是，把自己的痛苦加倍放大，然後轉嫁到別人身上去的報復心理是極端有害的，這樣既無法撈回自己所受的損失，甚至還會賠上自己的健康、幸福和生命。所以，我們必須消除這種不健康的心理，透過加強自身修養、開闊心胸、提高自制力，讓自己在陽光雨露下生活。

控制自己，把握人生

成功金言

在成功的路上，很多人的失敗其實並不是缺少機會，或是資歷淺，而是缺乏對自己情緒的控制。憤怒時，不能遏制怒火，使周圍的合作者望而卻步；消沉時，放縱自己的萎靡，把許多稍縱即逝的機會白白浪費。

上帝要毀滅一個人，必先使他瘋狂，因此我們必須學會控制自己，才能把握人生。

富蘭克林的侄子是波特一個聰明的年輕人，很想在一切方面都比他身邊的人強，他尤其想成為一名大學問家。可是，許多年過去了，波特的其他方面都不錯，學業卻沒有長進。他很苦惱，就去向富蘭克林求教。

富蘭克林想了想說：「我們去登山吧，到山頂你就知道該如何做了。」

那山上有許多晶瑩的小石頭，煞是迷人。每見到波特喜歡的石頭，富蘭克林就讓他裝進袋子裡背著。很快，波特就吃不消了。

「叔叔，再背，別說到山頂了，恐怕連動也不能動了。」他疑惑的望著叔叔。

「是呀，那該怎麼辦呢？」富蘭克林微微一笑。

「該放下。」

「那為什麼不放下呢？背著石頭怎麼能登山呢？」富蘭克林笑了。

波特一愣，頓時明白了。他向叔叔道了謝就走了。

從此，波特再也不沉迷於遊戲了，一心做學問，進步飛快，終於成就了自己的事業。

其實，人要有所得必要有所失，只有學會放棄，才有可能登上人生的極致高峰。

一個人要成就大的事業，不能隨心所欲、感情用事，對自己的言行應有所克制，這樣才能使略略的錯誤、缺點得到抑制，不致鑄成大錯。哪怕是對自己的一點小的克制，也會使人變得強而有力。德國詩人歌德說：「誰若遊戲人生，他就一事無成，不能主宰自己，永遠是一個奴隸。」要主宰自己，必須對自己有所約束，有所克制。

自制力是在日常生活中和工作中善於控制自己情緒和約束自己言行的一種能力。一個意志堅強的人是能夠自覺控制和調整自己言行的。如果一輛汽車光有引擎而沒有方向盤和剎車的調整，汽車就會失去控制，不能避開路上的各種障礙，就有撞車的危險。一個想要有所成就的人如果缺乏自制力就等於失去了方向盤和剎車，必然會「越軌」或「出格」，甚至「撞車」，「翻車」。一個人在完成自己的工作過程中，必然要接觸各種各樣的人，處理各種各樣複雜的事，其中有順心的，也有不順心的；有順利的，也有不順利的；有成功的，也有失敗的；如缺乏自制力，放任不羈，勢必搞壞關係，影響團結，挫傷積極性，甚至因小失大，鑄成大錯，後悔莫及。這樣，當然很難把車馳到目的的了。因此，必須善於克制自己，不使自己的言行出格。

怎樣才能培養自己過人的自制力呢？

（1）盡量保持理智。

對事物認識越正確，越深刻，自制力就越強。比如：有的人遇到不稱心的事，動輒發脾氣，訓斥謾罵，而有的人卻能冷靜對待，循循善誘以理服人。為什麼呢？古希臘數學家畢達哥拉斯說：「憤怒以愚蠢開始，以後

悔告終。」所以對自己的言行失去控制，最根本的就是對這種粗暴作風的
危害性缺乏深刻的認識，因而對自己的感情和言行失去了控制，造成了不
良影響。

　　法國著名作家小仲馬有過這樣一段經歷，他年輕時愛上了巴黎名妓瑪
麗‧杜普萊西。瑪麗原是個農家女，為生活所迫，不幸淪為娼妓。小仲馬
為她嬌媚的容顏所傾倒，想把她從墮落的生活中拯救出來，可她每年的開
銷要十五萬法郎，光為了給她買禮品及各種零星花費，他就借了五萬法郎
的債。他發現自己已面臨可能毀滅的深淵，理智終於戰勝了感情，他當機
立斷，給瑪麗寫了絕交信，結束了和她的交往。後來，小仲馬根據瑪麗的
身世寫了一部小說 ──《茶花女》，轟動了巴黎，小仲馬也因此一舉成
名。理智使小仲馬產生了自制力，使他懸崖勒馬，戰勝了感情的羈絆。

　　(2) 培養堅強的意志。

　　蘇聯教育家馬卡連柯說過：「堅強的意志 ── 這不但是想什麼就獲得
什麼的本事，也是迫使自己在必要的時候放棄什麼的本事。沒有制動器
就不可能有汽車，而沒有克制也就不可能有任何意志。」因此，反過來也
可以說，沒有堅強的意志就沒有自制能力。堅強的意志是自制能力的支
柱。意志薄弱的人，就好像失靈的閘門，對自己的言行不可能有調整和控
制作用。

　　(3) 用毅力控制愛好。

　　一個人下棋入了迷，打牌、看電視入了迷，都可能影響工作和學習。
毅力，可以幫助你控制自己，果斷的決定取捨。毅力，是自制力果斷性和
堅持性的表現。列寧是一個自制力極強的人，他在自學大學課程時，為自

己安排了嚴格的時間表：每天早餐後自學各門功課；午餐後學習馬克思主義理論；晚餐後適當休息一下再讀書。他過去最喜歡滑冰，但考慮到滑冰比較疲勞，使人想睡覺，影響學習，就果斷的不滑了。他本來喜歡下棋，一下起來就入了迷，難分難捨，後來感到太費時間了，又毅然戒了棋。滑冰、下棋看來都是小事，是個人的一些愛好，但要控制這種愛好，沒有毅然決然的果斷性就辦不到。常常遇到這樣一些人，嘴上說要戒菸，但戒了沒幾天就又開始抽了。什麼原因呢？主要就是缺乏毅力。沒有毅力，就沒有果斷性和堅持性，自制的效率就不高。可見，要具有強有力的自制力，必須伴以頑強的毅力。

在生活中，我們感覺周圍的事物，形成我們的觀念，作為我們的評價，以及相對的判斷、決策等，無一不是透過我們的心理世界來進行，只要是經由主觀的心理世界來認識和觀察事物，就不可避免的會使我們對事物的認識和判斷產生偏差，受到非理性因素的干擾和影響。即使是繁瑣小事，投射到我們的心靈世界裡時，就可能變得極其複雜和豐富。

在這個世界上，影響我們認知準確性的因素很多，如知識、經驗的局限，認知觀念的偏差，感官的限制等。其中，影響最大的因素是情緒的介入和干擾。

EQ 的力量是巨大的

成功金言

EQ 的力量是巨大的，要成為一個成功的人士，就必須先成為一個高 EQ 的人。心理學家們普遍認為，EQ 水準的高低對一個人能否取得成功也有著重大的影響作用，有時其作用甚至要超過智力水準。

高 EQ 者與低 EQ 者的一個重要的區別，就在於高 EQ 者要比低情者更善於處理情感問題。因而，EQ 的一個重要組成部分就是處理情感的能力。

富蘭克林曾經說過，任何人生氣都是有理由的，但很少有令人信服的理由。高 EQ 的人善於控制自己的情緒，任何時候都能做到頭腦冷靜、行為理智，能夠很好的控制自己的感情衝動，克制自己急切的欲望，同時，又能夠及時排除自己心中的不良情緒，使自己始終保持一種良好的心境，心情開朗，胸懷豁達，心理健康。

在生活中，人不可能事事順心，肯定有許多這樣那樣的不如意的地方，在這個時候，人就很容易被觸怒、大動肝火，甚至大發脾氣。其實，我們可能都清楚，發脾氣並不能解決任何問題，甚至有可能使本來簡單的問題更加複雜化。所以，這個時候如果我們是高 EQ 者，就可以透過控制自己的情緒給不好的東西一個合情合理的解釋，保持自己的頭腦冷靜，就可以壓抑自己激動的情緒，使自己的心情一直處於一種藍天般的開朗狀態。

EQ 涵蓋了以下幾個方面的內容：

（1）自動自發。

高 EQ 者做一切事情的動力來自於內部，有很強的自覺性、主動性。決定做一件事後，沒有完成是不肯甘休的。做任何事情，都動機明確、興趣強烈、獨立積極、不甘落後，而且有勇氣，自信心強。

（2）目光遠大。

高 EQ 者目光長遠，不沉溺於短暫的利益之中，他們想問題、做事情眼光放得遠大，不會只滿足於眼前的一點點欲望。

（3）控制情緒。

高 EQ 者善於控制自己的情緒，任何時候都能做到頭腦冷靜、行為理智，能抑制感情的衝動，克制急切的欲望，及時化解和排除不良情緒，使自己始終保持良好的心境，心情開朗，胸懷豁達，心理健康。

（4）認識自我。

一個人總有某些連自己也看不清楚的個性上的盲點，高 EQ 者常常自我反省，並從不同的角度了解、認識自己，客觀的評價自己，具有自知之明，為自己正確定位。因此，他能夠處理好周圍的一切關係，成功的機會總是比較大。

（5）人際技巧。

高 EQ 者善於洞察並理解別人的心態，能控制自己的情緒，設身處地為別人著想，領悟對方的感受，尊重他人的意見。因此，他們善於人際溝通與合作，人際關係融洽，在複雜的人際環境中遊刃有餘。

EQ 概念的提出者丹尼爾·戈爾曼教授曾經列舉過一個非常有趣的例

子，來說明高 EQ 的人更善於控制自己的情緒，因而在以後的工作、事業中也就會更有出息。

研究者請來了一批三至四歲的孩子，告訴他們，每一個人可以分一份棉花糖，而且馬上就可以吃。但是，如果有誰先暫時不吃的話，等研究者出去辦完事回來以後再吃，就可以得到雙份的棉花糖。研究者說完就離開了房間。這時候，留在屋子裡的一些孩子們看他前腳剛走，便迫不及待的把糖拿起來就吃掉了。另一些孩子則想等一會，等研究者回來以後再吃，可是等了幾分鐘，實在忍不住了，便不再等待，也把糖拿起來吃掉了。剩下的一些孩子決心等研究者回來，結果，他們每人吃到了雙份的棉花糖。隨後，研究者便對他們進行了追蹤研究，結果表明，那些能夠控制棉花糖的誘惑、有耐心等待的孩子長大以後，都能比較好的控制自己的情緒，而且，適應環境的能力很強，在生活中也討人喜歡，比較敢於冒險，自信心也強於一般的人，當然更重要的是，他們都能夠抵抗短暫的誘惑。這群孩子不但在以後的學習上成績優異，而且適應社會的能力也遠遠好於其他孩子。相反，那些一看見棉花糖就想吃掉的孩子，因為他們不善於控制處理好自己的情感，只想滿足眼前的欲望，沒有辦法克制自己，結果，長大以後，他們在各個方面的成就都比較低。

的確，在我們人生走向輝煌的過程中，最大的敵人其實並不是我們缺少機會，或者是我們資歷淺薄，人生成功最大的敵人是我們缺乏對情緒的控制。

世界之大，即便我們窮盡一生，所能看到、聽到、感覺到、體驗到的失誤也是極其有限的。而且，人註定了一生要和人打交道。在生活中，我們感覺周圍的事物，形成我們自己。獨有的觀念，作出我們的評價，以及

相對的判斷、決策等。由於每一個人成長的環境不同，所形成的觀念以及對事物的評價、判斷、決策等都不完全相同，因而，衝突是在所難免的。這就需要我們在遇到衝突時，控制好我們的情緒，處理好我們的情感，否則，我們就不可能在事業中取得成功，我們的人生也就不可能輝煌。

生氣是健康的天敵

成功金言

> 不論什麼情況下，都要保持樂觀、平衡的心態，不累積「感情勢能」。做到遇喜而不狂，遇悲而不鬱，遇急而不躁，遇驚而不慌，讓生命之歌的主旋律不受任何衝擊和干擾。

人生難免有虛假有醜陋有邪惡有不平有無理的事情出現，於是生怒氣、生悶氣、生閒氣、生怨氣……殊不知，生氣不但無助於問題的解決，反而會使本來不如意的事情更加不如意。更嚴重的是，生氣會嚴重的損害我們的身心健康。

院子裡，一隻黑公雞和一隻白公雞為爭奪一條青蟲又大打出手，雙方苦戰了幾十個回合。

突然，黑公雞騰地從地上飛起，又向下俯衝，並用嘴牢牢的啄住了白公雞的雞冠，身子一併穩穩的騎壓在白公雞身上，白公雞只好俯首稱臣。

當白公雞看到黑公雞叼著那條青蟲去向一隻花母雞大獻殷勤時，白公雞變得非常憤怒，但懼於黑公雞的威懾，只得用爪子不停的抓撓地面，表達自己的憤怒。當白公雞怒氣消停時，卻悲哀的發現自己的爪子被地上的

石子劃破了，漂亮的羽毛也掉了好幾根，看著這個結局，一陣傷心又不由得湧上了心頭。

　　上面的寓言講的雖然是動物界的事情，但也反映了人類大多數時候的情景，在生活和工作中，我們不也是像那隻白公雞一樣常常會為一些小事而生氣嗎？生活中許多人由於在社會、家庭及工作中產生各種矛盾，總會心生不悅，整日愁眉苦臉，鬱鬱寡歡，看什麼都不順眼，甚至怒火中燒。但是，生氣就能解決問題嗎？當然不能，生氣不但解決不了任何問題，天長日久，一些疾病還會乘虛而入，不請自到！

　　生氣不僅對我們身體產生不利影響，對我們心理也會產生負面作用。生氣時，我們做事易衝動，往往會導致自己後悔不已；生氣時，由於情緒不穩定，我們處理問題容易失去理智，往往會作出錯誤的決定；生氣時，往往會因控制不住自己而把別人當作出氣筒，結果影響人際關係。

　　生氣有這麼多的害處，你還會動不動就為了一點小事而生氣嗎？也許你會說，生氣時是不由自主的，誰又能控制得了呢？

　　其實不然，美國心理學家歐廉·尤里斯教授就提出了使人平心靜氣的三項法則：「首先降低聲音，繼而放慢語速，最後胸部挺直。」降低聲音、放慢語速都可以緩解向上的爆發力，給大腦時間讓情緒退潮；而胸部挺直，可以淡化緊張的氣氛，這是因為情緒激動時人們通常都會身體向前傾，從而使自己的臉更接近對方，形成咄咄逼人的氣勢，挺直胸部不僅可以拉大和別人的距離，自己的肺部也會吸入更多的氧氣來幫助大腦工作。基於同樣的原理，憤怒的時候先做深呼吸，努力閉會兒嘴也有不錯的效果。

　　當然，要防止生氣，更重要的還是要防範於未燃。

生氣是健康的天敵，然而生活在這個充滿矛盾的世界上，誰人不會有生氣的時候呢？要如何才能避免生氣呢？我們可以從以下幾個方面著手：

(1) 充分認識生氣帶來的不良後果。

生氣會傷腦、傷神、傷胃、傷肝、傷腎。人處於氣憤愁悶狀態時，可致肝氣不暢、肝膽不和、肝部疼痛。經常生氣是百病之源。所以為了自己的健康，別為那些不值一提的小事情生氣了，開心點，樂觀些去面對，沒什麼好氣的。

(2) 有意躲開「觸媒」。

人在憤怒時，往往大腦皮質中出現強烈的興奮點，並且它還會向四周蔓延。為此，要在「怒髮」尚未「衝冠」之際，善於運用理智有意識的去轉移興奮中心。比如：有意躲開一觸即發的「觸媒」，即爭吵的對象、發怒的現場，到其他的地方做點別的事情。

(3) 自我暗示、激勵。

自我暗示、激勵就是給自己提出任務，堅信自己有能力控制個人的情緒。愛發怒的人也不妨對自己說：「生氣是拿別人的錯誤懲罰自己」、「生氣不如爭氣」等等。透過這樣積極的自我暗示、自我命令，便可以組織自身的心理活動獲得阻止生氣的精神力量。

(4) 用冷水洗臉。

冷水會降低皮膚的溫度，消除你的怒氣。

(5) 閉目深呼吸。

把眼睛閉上幾秒鐘，再用力伸展身體，使心神慢慢安定下來。

（6）大聲呼喊。

找一個無人的地方，從腹部深處發出自己的聲音，如大喊三聲，或高聲唱歌，或大聲朗誦。

當你因別人超越你而生氣時，你要想你都已經落後於別人了，哪還有時間和精力來生氣呢？你要做的是努力去奮鬥、去爭取、去成功。當你因別人不如你而生氣時，你要想自己是多麼有學識有才幹的人啊，又何必去跟一個事事不如你的人計較呢？你要做的是盡情享受現在的美好生活。如果你能這樣想，就沒有什麼事情是值得生氣的了。

憤怒需要管理

成功金言

憤怒需要管理，是因為我們的生活並不總是盡如人意，總會有些讓人挫敗甚至想要爆發的瞬間。但每個人都不想讓自己的憤怒「開鍋」，所以，我們要學會控制憤怒。

生活的每一天並不會時時受到那些繁雜的瑣事所困擾，但一定會經常因一些繁瑣的小事而影響心情。輕易擊垮人們的並不是那些看似滅頂之災的挑戰，往往是那些微不足道的極細微的小事，它左右了人們的思想，改變了原來的意志，最終讓大部分人一生一事無成。

憤怒在某些情況下是一種自然的反應，但並不是在每一種情況中都要如此反應。我們所處的社會是靠彼此的合作和幫助才得以維持的。我們必須經常控制某些直覺的情感。重要的是，我們要承認別人與自己都有情緒

存在──但是我們不能拿它當藉口，每次有什麼感覺，就毫無考慮的發洩出來，這樣做只是徒勞，有時還會得不償失，沒有任何意義。生活是忙忙碌碌的，所以要求人們去清點那些無須勞神的瑣事，然後果斷的將那些無益的小事拋棄，沒有必要去理它。

　　一位剛畢業的大學生，花費了很大精力找到了一個海上油田鑽井隊的工作。在海上工作的第一天，領班要求他在限定的時間內登上幾十米高的鑽井架，把一個包裝好的漂亮盒子送到最頂層的主管手裡。他拿著盒子快步登上高高的狹窄的舷梯，氣喘吁吁、滿頭是汗的登上頂層，把盒子交給主管。主管只在上面簽下自己的名字，就讓他送回去。他又快跑下舷梯，把盒子交給領班，領班也同樣在上面簽下自己的名字，讓他再送給主管。

　　他看了看領班，猶豫了一下，又轉身登上舷梯。當他第二次登上頂層把盒子交給主管時，渾身是汗，兩腿發顫，主管卻和上次一樣，在盒子上簽下名字，讓他把盒子再送回去。他擦擦臉上的汗水，轉身走向舷梯，把盒子送下來，領班簽完字，讓他再送上去時他有些憤怒了，他看看領班平靜的臉，盡力忍著不發作，又拿起盒子艱難的一個台階一個台階的往上爬。當他上到最頂層時，渾身上下都濕透了，他第三次把盒子遞給主管，主管看著他，傲慢的說：「把盒子打開。」他撕開外面的包裝紙，打開盒子，裡面是兩個玻璃罐，一罐咖啡，一罐奶精。他憤怒的抬起頭，雙眼噴著怒火射向主管。主管又對他說：「去沖泡咖啡。」年輕人再也忍不住了，「叭」他一下把盒子扔在地上，「我不做了！」說完，他看著扔在地上的盒子，感到心裡痛快了許多，剛才的憤怒全釋放了出來。這時，這位傲慢的主管站起身來，直視他說：「剛才讓您做的這些，叫做極限訓練，因為我們在海上作業，隨時會遇到危險，所以要求隊員身上一定要有極強的承受

力，承受各種危險的考驗，才能完成海上作業任務。可惜，前面三次你都通過了，只差最後一點點，你沒有喝到自己沖泡的香甜咖啡。現在，你可以走了。」

有時，你的憤怒情緒將會阻止你做不好事情。成大事者是不會讓憤怒情緒所左右的。在關鍵時刻不能讓你的怒火左右情感，不然你會為此付出慘痛的代價。在現實生活中，也不乏因生氣、盛怒而身亡者。俗話說：「一碗飯填不飽肚子，一口氣能把人撐死」。人因怒而死亡的事屢見不鮮。承受痛苦壓抑了人性本身的快樂，但是成功往往就是在你承受常人承受不了的痛苦之後，才會在某個方面有所突破，實現最初的夢想。可惜，許多時候，我們總是差那一點點，因為一點點的不順而怒火中燒，這也正是很多年輕人的缺陷，正如上例，一點小事都承受不了，最後的結果只能是丟了自己的第一份工作。

「人生一世，草木一春」，短短的幾十年人生，何不讓自己活得快活一點，瀟灑一點，何必整天為一些雞毛蒜皮的小事生閒氣呢？如果遇到中傷或誤解的事，氣量大一點，裝裝糊塗，別人生氣我不氣，一場是非之爭就會在不知不覺中消失，你也落得瀟灑，而等到最終水落石出，人家還會更加敬重你這個人。

宋朝初年一位名叫高防的名將，他的父親戰死沙場，十六歲時被澶州防禦使張從恩收養，後來做了軍中的判官。有一次，一個名叫段洪進的軍校偷了公家的木頭打家具，被人抓獲。張從恩見有人在軍隊偷盜公物，不覺大怒。為嚴肅軍紀，下令要處死段洪進以警眾人。在情急之時為了活命的段洪進編造謊言，說是高防讓他做的。本來這點事也不至於犯死罪，張從恩對其的處理有些過頭，高防是準備為其說情減罪的，但現在自己已被

他牽連進去，失去了說話的機會，還讓自己蒙上不白之冤，能不氣嗎？但轉念一想，軍校出此下策也是出於無奈，想到憑自己與張從恩的私交，應承下來雖然自己名譽受損，但能救下軍校的性命也是值得的。所以張從恩問高防是否屬實，高防就屈認了，結果軍校段洪進果然免於一死，可張從恩從此不再信任高防，並把高防打發回家。高防也不做任何解釋，便辭別恩人獨自離開了。直到年底，張從恩的下屬徹底查清了事情真相，才明白高防是為了救段洪進一命，代人受過。從此張從恩更信任高防，又專程派人把他請回軍營任職。雲開霧散之後，高防不但沒有喪失自己的生存空間，而且獲得了更多人的尊重。

現實生活中，讓人生氣的事是隨時可能發生的，但作為一個有頭腦的冷靜的人，為了更好的、安寧的生活和工作，理智的處理各種不愉快，就需要控制憤怒，如果不忍，任意的放縱自己的感情，首先傷害的是自己。如對方是你的對手、仇人，有意氣你、激你，你不忍氣制怒，保持頭腦清醒，就容易被人牽著鼻子走，中了人家的計，到頭來弄個得不償失的下場，比如三國時的周瑜就是一例。所以孔子云：「一朝之忿，忘其身以及其親，非惑歟？」言下之意即因一時氣憤不過，就胡作非為起來，這樣做顯然是很愚蠢的。憤怒，展現的是理性的不健全。憤怒到極限時，最容易導致理性的喪失，說出本來不該說的話，做出本來不該做的事。所以要學會控制自己的情緒，不要輕易發怒。

如果你是一個易於憤怒卻不善於控制的人，建議你不妨設立一本憤怒日記，記下你每天的憤怒情況，並在每週作一個小總結。這樣，就會使你認識到：什麼事情經常引起你的憤怒，了解處理憤怒的合適方法，從而使你逐漸學會正確的疏導自己的憤怒。

學會敞開心胸

成功金言

學會擴大自己的心胸和氣度。不要把某些問題放在心上，即便受到誤會和委屈，隨著時間的推移，也會有公正的評判。

面對各種刁難，我們常常會失去理性。有時候，我們很難控制自己的情緒，表現出某種神經質。

神經質的心理症狀是較為輕度的一種，它與人的情感智商（EQ）有一定的相關性。神經質的主要表現為責任心淡薄，對批評反應強烈，甚至有時發生暴力行為，缺乏理智，有時說謊、易怒，以自我為中心等。其性格類型表現為常跟人衝突，有顯示自己力量的大膽舉動，傾向於惡意的解釋各種社會現象，以反抗的態度來顯示自己的傾向性。神經質過高的人應注意積極的調整自己的情緒，用理智的力量來控制、轉移和調整自己的心態。

一九六〇年代早期的美國，有一位很有才華、曾經做過大學校長的人，出來競選美國中西部某州的議會議員。此人資歷很高，又精明能幹、博學多識，看起來很有希望贏得選舉的勝利。但是在選舉的中期，有一個很小的謠言散布開來：三四年前，在該州首府舉行的一次教育大會中，他跟一位年輕女教師「有那麼一點曖昧的行為」。這實在是一個彌天大謊，這位候選人對此感到非常憤怒，並盡力想要為自己辯解。由於按捺不住對這一惡毒謠言的怒火，在以後的每一次集會中，他都要站起來極力澄清事實，證明自己的清白。其實，大部分選民根本沒有聽到過這件事，但是，

現在人們卻越來越相信有那麼一回事，真是越抹越黑。大眾們振振有辭的反問：「如果你真是無辜的，為什麼要百般為自己狡辯呢？」如此火上加油，這位候選人的情緒變得更壞，也更加氣急敗壞、聲嘶力竭的在各種場合為自己洗刷，譴責謠言的傳播。然而，這卻更使人們對謠言信以為真。最悲哀的是，連他的太太也開始轉而相信謠言，夫妻之間的親密關係被破壞殆盡。最後他失敗了，從此一蹶不振。

人們在生活中有時會遇到惡意的指控、陷害，更經常會遇到種種不如意。有的人會因此大動肝火，結果把事情搞得越來越糟。而有的人則能很好的控制住自己的情緒，泰然自若的面對各種刁難和不如意，在生活中立於不敗之地。

一九八〇年在美國總統大選期間，雷根有一次關鍵的電視辯論，面對競選對手卡特對他在當演員時期的生活作風問題發起的蓄意攻擊，絲毫沒有憤怒的表示，只是微微一笑，鎮靜的調侃說：「你又來這一套了。」一時間引得聽眾哈哈大笑，反而把卡特推人尷尬的境地，從而為自己贏得了更多選民的信賴和支持，並最終獲得了大選的勝利。

缺乏自我控制能力的人想必已經明白，你是生活在社會中，為了更好的適應社會、取得成功，你有必要控制自己的情緒情感，理智的、客觀的處理問題。但是控制並不等於壓抑，積極的情感可以激勵你進取上進，加強你與他人之間的交流與合作。如果你把自己的許多能量消耗在抑制自己的情感上，不僅容易生病，而且將沒有足夠的能量對外界作出強有力的反應。因而一個高 EQ 的人應是一個能成熟的調整自己情緒情感的人。那麼，如何正確的調整自己的情緒呢？你必須有正確的人生態度。在現實生活中，我們經常可以看到，面對同樣的環境和遭遇，人的情緒反應有很大

的差異。正確的人生態度，能幫助我們調整看問題的角度，幫助我們想通許多問題，緩解不良情緒，培養積極、健康的情緒。具有寬廣的胸懷和豁達的心胸是保持積極、樂觀情緒的基本條件。那些在情緒上容易大起大落，經常陷入不良情緒狀態的人，幾乎都是心胸狹隘的人。

如果能擴大自己的生活面和知識面，在精神上充實自己，為豐富多彩的生活所吸引，不計較眼前得失，心胸自然就會豁達起來，情緒也不會如此波動了。要熱愛生活，學會調整人際關係。對生活缺乏情趣的人，或是人際關係不良的人，精神上沒有寄託，思想不安定，情緒就不穩定，容易產生神經質。反之，一個熱愛生活並具有良好人際關係的人，就會在自己的身邊形成一個比較和諧、融洽的氛圍。這種氛圍反過來從客觀上又促進了自己，使自己心情舒暢、身心健康。

下面是一些有效的克服神經質、調整自我情緒的方法：

第一，正確的認識危機。人生中諸如疾病、死亡、破產等很難意料的事件，常影響人的心理。雖然人們完全有能力處理這類事情，但這需要時間，過度的焦急不僅於事無補，還會把事情辦壞。

第二，當預感到緊張會出現時，你可在頭腦中設想一下如何處理它，回想一下過去是怎樣對付的，回想一下你所尊敬的人是如何處理的，就可以減少焦慮，避免碰釘子。

第三，平時多注意休息，可以減少你的緊張感與神經質。獲得足夠的休息對身體極為有益，能使你振作精神，恢復精力。

第四，當你試圖掩蓋某一件事情時，常常帶來緊張情緒。但當你抱著不迴避的心態，坦然面對時，壓力無形之中就會減輕，緊張感就會減少。

第五，當你發現自己的情緒無法控制時，不妨用下列方法盡快從這種

情境中擺脫出來：脫身離開那裡；想一想別人在這種情境中會扮演怎樣的
角色；設想你已解決了一個難題而處在喜悅中；向有同情心的人傾訴自己
的想法。

控制好喜怒哀樂

> **成功金言**
>
> 在生活中，喜怒哀樂是人之常情，想讓自己生活中不出現一點煩心
> 之事幾乎是不可能的，關鍵是如何有效的調整控制自己的情緒，做
> 生活的主人，做情緒的主人。

　　星移斗轉，我們不能控制股市走向，我們不能控制。唯一能控制的
只有我們自己，只有控制了自己，把握好自己的情緒，才能掌握好自己
的命運。

　　曾有人對各監獄的成年犯人作過一項調查，發現了一個驚人的事實：
這些不幸的男女犯人之所以淪落到監獄中，有百分之九十的人是因為他缺
乏必要的自制，因此，缺乏自制也是導致走向犯罪的一個不可忽視的重
要因素。

　　要想做個極為「平衡」的人，你身上的熱忱和自制必須相等而平衡。

　　缺乏自制是一般推銷員最具破壞性的缺點之一。客戶說了幾句這位
推銷員所不希望聽到的話，如果後者缺乏自制力的話，他會立即針鋒相
對，用同樣的話進行反擊，而最後的結果是他所付出的努力，也因之而化
為烏有。

人們的物質生活一天天好起來，浮躁的人也一天天多起來。無名火起，陰雲飄來，「煩著呢，別理我」充斥了都市的大街小巷，放縱的滋味可輕易嘗不得，駕馭好自己的情感是成熟的韻味之一。

這是一個令人深思的故事：

青年張某，大學畢業後不久便憑著自己的勤奮和才智走上了主管職位，當上了技術部的副部長，而女朋友的年輕貌美更使他春風得意，喜上眉梢。後來，因為一次工作上的失誤，他受到了降職的處分。正當他為事業上的挫折而痛苦之時，曾經鍾情於他的女友，也因此與他分道揚鑣。他懊惱，他憤怒，憤怒的不能自制，以致對女友採取了法律所不能容忍的報復手段……

這位青年連遭事業和愛情的挫折，固然令人同情，但如此失去理智的行為，卻不僅破壞了他的幸福，也斷送了自己的青春。這本不應該發生的悲劇何以發生了呢？從心理學的角度來看，是因為他失去了自制力。

自制力，是一個人善於控制自己的情感，約束自己言行。對盲目衝動和消極情緒的高度克制，善於排除身體內外的干擾，堅決採取理智的行動，是這種的集中表現。

在生活中發生常見的非理性因素你會發脾氣嗎？你曉得什麼時候應該發脾氣，什麼時候不應該發脾氣嗎？如果你在開車時，碰到別人從你身邊一擦而過，呼嘯一聲，使你大吃一驚，你是否會破口大罵呢？很多人可能會因此發脾氣，甚至為此不高興一天，但對方卻可能早已高高興興的參加聚會去了。

要化解這樣的不良情緒，我們不妨以風趣、溫和的態度解釋當時的情形 —— 這傢伙，一定是老婆趕著去生孩子。然後，一笑置之。

　　然而，事物的發生和發展並不是總按照某種既定的模式進行的。反之，忍住不發脾氣也並非永遠是好的。比如：當你的孩子在念書時，鄰居的音響開得很大聲，你只管忍耐，不去伸張權益。結果如何呢？這種情況下，如果我們忍住不發脾氣，也等於在縱容別人做不該做的事情。

　　在生活中，我們感覺周圍的事物，形成我們的觀念，作為我們的評價，以及相對的判斷、決策等，無一不是透過我們的心理世界來進行，只要是經由主觀的心理世界來認識和觀察事物，就不可避免的會使我們對事物的認識和判斷產生偏差，受到非理性因素的干擾和影響。即使是繁瑣小事，投射到我們的心靈世界裡時，就可能變得極其複雜和豐富。

　　在這個世界上，影響我們認知準確性的因素很多，如知識、經驗的局限，認知觀念的偏差，感官的限制等。其中，影響最大的因素是情緒的介入和干擾。

　　生活中常見的非理性因素如下：

（1）嫉妒。

　　嫉妒使人心中充滿惡意、傷害。如果一個人在生活中產生了嫉妒情緒，那麼他就從此生活在陰暗的角落裡，不能在陽光下光明磊落的說和做，而是面對別人的成功或優勢咬牙切齒，恨至心痛。嫉妒的人首先傷害的是自己，因為他把時間、精力和生命不是放在人生的積極進取上，而是放在日復一日的蹉跎之中。同時嫉妒也會使人變得消沉或是充滿仇恨。如果一個人心中變得消沉或是充滿仇恨，那麼他距離成功也就會越來越遙遠。

(2) 憤怒。

憤怒使人失去理智思考的機會。許多場合，因為不可抑制的憤怒，使人失去了解決問題和衝突的良好機會。而且，一時衝動的憤怒，可能意味著事過之後要付出高昂的代價來彌補。更為嚴重的是，在實際生活中，憤怒導致的損失往往可能是無法彌補的。你可能從此失去一個好朋友，失去一批客戶；你的形象可能從此在領導眼裡受到損害，別人也從此開始對你的合作產生疑慮。

憤怒時最壞的後果是，人在憤怒的情緒支配下，往往不顧及別人的尊嚴，嚴重的傷害了別人的面子。對於損害他人的物質利益也許並不是太嚴重的問題，而損害他人的感情和自尊卻無異於自絕後路，自挖陷阱。如果你心中的夢想是渴求成功，那麼，憤怒就是一個不受歡迎的敵人，你就應該徹底把它從你的生活中趕走。

(3) 恐懼。

過度的擔憂可能導致產生恐懼，而恐懼則使人學會逃避、躲藏，而不是迎接挑戰、不畏困難。

對某些事物的恐懼情緒，可能來自於缺乏自信或自卑。一次失敗的經歷或尷尬的遭遇都可能使人變得恐懼。比如：經歷過一次在大眾面前語無倫次的演講，就可能使他從此恐懼演講。這無疑使他在生活中憑空少了許多機會，本來可以透過一番演說和遊說來獲得的成功機會將從手指縫裡溜走。

恐懼的泛化還能導致焦慮，焦慮的情緒甚至比恐懼還要糟糕。有些人把焦慮情緒形容為「熱鍋上的螞蟻」，這個比喻相當準確，也相當形象。產生恐懼情緒而不想方設法加以控制和克服，這樣的潛台詞相當於默認自

己是個怯懦的失敗者。

成功的路途上小小的失敗就令你望而卻步，駐足不前，那麼，成功後可能面臨的更大的挑戰，你又如何能應付呢？

（4）憂鬱。

成功路途中最可怕的敵人還有憂鬱。如果說別的消極情緒是成功路上的障礙，使成功之路變得漫長和艱險，那麼，憂鬱就會使你在成功路上南轅北轍。

克服別的情緒問題可能只是修養和技巧的問題，而克服憂鬱卻相當於一項龐大的工程，它需要徹底改變你的生性：從認知、態度到性格、觀念。

一個追求成功的人如果染上憂鬱，那麼即使有成功的機會也會離他而去。因為成功帶給他的不是喜悅，不能使他興奮起來，而是沉浸在自己的瑣碎體驗裡不能自拔。憂鬱者彷彿是一個隨時馱著殼的蝸牛，只是束縛他的殼是無形的。

憂鬱者宛若置身於一個孤獨的城堡，他出不來，別人也進不去。著名文學家，也是憂鬱者的卡夫卡曾這樣形容他憂鬱的體驗：「在我的周圍圍著兩圈士兵，手執長矛。裡面的一圈士兵向著我，矛尖指著我；外面的一圈士兵向著外面，矛尖指著外面。他們這樣密不透風的圍著我，使我出不去，外面的人也進不來。

（5）緊張。

緊張可能是因為缺乏經驗，準備不足。適度的緊張使我們能集中精力，不致分神，但過度的緊張卻會使我們長期的準備工作付諸東流。本來

設想和規劃得很好的語言和手勢，一緊張便會忘得一乾二淨。過度的緊張使人。變得幼稚可笑 ── 臉色發白，或漲得通紅，雙手和嘴唇顫抖不已，頭上：冒著冷汗，心跳劇烈，甚至感到心悸，呼吸急促，語言支離破碎。這樣的情形使我們宛若一個撒謊的幼童。

　　一個成功者，他也許一直都有些緊張的情緒。但之所以成功，是因為他已經學會了如何控制緊張。美國歷史上最著名的總統林肯，當眾演講時始終有些緊張，可是他知道如何控制和巧妙的掩飾過去，不讓台下的觀眾看出來。

　　(6) 狂躁。

　　狂躁容易給人以一種假象，彷彿他很精力充沛、說話和做事都那麼有感染力，顯得咄咄逼人。初次接觸狂躁者時，許多人都會產生錯誤的感覺，以為他是多麼的具有活力和使人感動。可是隨著時間的推移和了解的加深，你就會發現狂躁其實不過是一張白紙，沒有一點意義。他的談話沒有深度，他行事缺乏條理性和計畫性，他說過的話轉眼就會忘記，交給他的任務也不會受到認真對待。

　　狂躁的情緒容易使人陶醉，因為狂躁者的自我感覺好極了。他會顯得雄心勃勃，似乎要追隨后羿去把最後一顆太陽也射下來。可是，世界上沒有狂躁者也能取得成功的例子，因為狂躁和憂鬱其實是兩個極端的情緒：狂躁是極度興奮，而憂鬱是極度抑制。在精神病分類裡，有一種精神疾患就叫做「狂躁一憂鬱症」。

　　(7) 猜疑。

　　猜疑是人際關係的腐蝕劑，它可以使觸手可及的成功機會毀於一旦。

莎士比亞在他那出著名的悲劇《奧賽羅》裡面，十分生動而深刻的刻畫了猜疑對成功的腐蝕。愛情因為猜疑而變得隔閡，合作因猜疑而不歡而散，事業因猜疑而分崩離析。對成功路上艱難跋涉的追求者來說，猜疑將是一個隨時可能吞沒你整個宏偉事業的陷阱。因為你的猜疑可能隨時被別人利用，而蒙在鼓裡的你還渾然不覺。其實，只要你細加分析，就不難發現猜疑是多麼的沒有道理和破綻百出。

猜疑的根本原因是缺乏溝通。許多猜疑最終都證明是誤會，如果相互之間的溝通順暢，那麼猜疑的黴菌就無處生長。

猜疑的另一個原因是對自己的控制能力缺乏足夠的自信。為什麼會猜疑？因為擔心自己的利益受到損害，而這種擔心顯然是由於對自己控制局面的能力信心不足造成的。

少一分嫉妒，多一分從容

成功金言

嫉妒是一種消極、有害的心理。它破壞人際關係，傷害同學間的友好感情，甚至會由於攻擊性情緒的發洩造成悲劇。

《聖經》裡說：「嫉妒是骨中的朽亂。」其實，嫉妒是一種普遍的社會心理現象，是人類的一種普遍的情緒。它指的是自己以外的人獲得了比自己更為優越的地位、榮譽，或是自己寶貴的物質，鍾情的人被別人掠取或將被掠取時而產生的情感。它有一個重大的特徵就是「指向性」，即嫉妒是有條件的，是在一定的範圍內產生的，指向一定的對象。也就是說，不

是任何人在某些方面超過自己都會產生嫉妒，超過自己太多的人只會讓我們羨慕而不會嫉妒。

在現代社會激烈的競爭當中，有人成功，就必然有人失敗。失敗之後所產生的由羞愧、憤怒和怨恨等組成的複雜情感就是嫉妒。

在生活中，當你發現別人比你優秀時，也許會產生羨慕乃至嫉妒的情緒；當別人發現你太優秀時，也可能會對你心生嫉妒。面對嫉妒，我們要學會克制自己的嫉妒情緒，也要學會從容應對別人的嫉妒，更加奮進。

從容，即舒緩、平和、樸素、泰然、大度、恬淡之總和。自古至今，對於太多的人而言，都是一種難得的境界和氣度。從容，不僅反映了一個人的氣度、修養、性格和行為方式，而且是一種符合人的生理、心理需要的有規律的、和諧、健康、文明的精神狀態和生活方式。

因為從容，才讓我們這個世界的每一天多彩多姿。多一份從容，我們的每一天不再有狂風暴雨；多一份從容，我們才能聽到風柔和的聲音；多一份從容，我們才能感受到蝴蝶穿梭在花叢中的那份愜意；多一份從容，我們才能欣賞到生活的精彩。

小玲的真情告白：「我是高二的一名普通學生。最近我碰到一件很心煩的事情，大家都在背後對我指指點點，議論我，我的壓力很大，如果再這樣下去，將會影響我的生活。我是班級的總務，負責班級的班費以及安排班級等勞動，我覺得我對工作是很認真負責的，老師雖然沒有經常表揚我，但是對我的工作是肯定和認可的。下個星期，學校裡要進行升旗儀式，老師推薦我代表班級發言。每個學期每一個班只有一次這樣的機會，而我光榮當選，我的心情當然是無比高興的。但是還沒等我高興多長時間，我的好朋友就偷偷告訴我，班上有些同學很不服氣，他們覺得我對班

級的貢獻不夠大，學業成績又不是名列前茅，沒有資格代表班級發言，並以為我被選上，肯定用了一些小手段、小動作。

「我知道，這些人這麼說是因為這次重要機會沒有輪到小燕子，她們跟小燕子關係很好，小燕子心裡不開心，她們肯定很想幫忙，但是同學一場，把話說成這樣太令我傷心了。我回家跟媽媽說了這件事，她建議我跟班導說，希望班導找同學談談。我膽子比較小，不好意思去跟老師說。但說實話，被人誤解、背後說閒話的滋味真不好受。下星期就要舉行升旗儀式，我真的不想退縮、放棄這樣的機會，但是應對流言蜚語，我又覺得無能為力。」

中學時期往往是人的情感最敏感最強烈的時期。一方面，隨著年齡的長大，知識的增加，青少年的獨立意識和自尊要求明顯加強；另一方面，青少年思想還欠缺成熟，對事物，包括對別人議論的評價能力比較薄弱，所以外界不強的刺激，也會引起比較強烈的情緒波動。小玲雖然性格比較內向，但是工作很認真負責，她特別渴望自身的工作態度和能力得到肯定，被集體認可，所以他人的不理解甚至誤解會使她更覺傷心。目前她所缺乏的正是馬斯洛需要層次中的尊重（自尊）的需要。

嫉妒是一種比仇恨還強烈的惡劣心理，是心靈空虛和無能的表現。了解這一惡劣心理現象，有助於我們找到自己有時產生嫉妒心理的原因，從而想方設法克服它，從而達到完善自我的目的。「與其臨淵羨魚，不如退而結網」。別人有成績時，不一味妒嫉，而是透過努力拿出自己的東西，用成果和別人競爭，這才是上策。

那麼，我們該如何遠離嫉妒呢？

（1）胸懷大度，寬厚待人。

十九世紀初，蕭邦從波蘭流亡到巴黎。當時匈牙利鋼琴家李斯特已蜚聲樂壇，而蕭邦還是一個默默無聞的小人物。然而李斯特對蕭邦的才華卻深為讚賞。怎樣才能使蕭邦在觀眾面前贏得聲譽呢？李斯特想了妙法：那時候在鋼琴演奏時，往往要把劇場的燈熄滅，一片黑暗，以便使觀眾能夠聚精會神的聽演奏。李斯特坐在鋼琴面前，當燈一滅，就悄悄的讓蕭邦過來代替自己演奏。觀眾被美妙的鋼琴演奏征服了。演奏完畢，燈亮了。人們既為出現了這位鋼琴演奏的新星而高興，又對李斯特推薦新秀深表欽佩。

（2）自知之明，客觀評價自己。

當嫉妒心理萌發時，或是有一定表現時，能夠積極主動的調整自己的意識和行動，從而控制自己的動機和感情。這就需要冷靜的分析自己的想法和行為，同時客觀的評價一下自己，從而找出一定的差距和問題。當認清了自己後，再重新別人，自然也就能夠有所覺悟了。

（3）快樂之藥可以治療嫉妒。

快樂之心藥可以治療嫉妒，是說要善於從生活中尋找快樂，就正像嫉妒者隨時隨處為自己尋找痛苦一樣。如果一個人總是想：比起別人可能得到的歡樂來，我的那一點快樂算得了什麼呢？那麼他就會永遠陷於痛苦之中，陷於嫉妒之中。快樂是一種情緒心理，嫉妒也是一種情緒心理。何種情緒心理占據主導地位，主要靠自己來調整。

（4）少一份虛榮就少一份嫉妒心。

虛榮心是一種扭曲了的自尊心。自尊心追求的是真實的榮譽，而虛榮

心追求的是虛假的榮譽。對於嫉妒心理來說，它是要面子，不願意別人超過自己，以貶低別人來抬高自己，正是一種虛榮，一種空虛心理的需要。單純的虛榮心與嫉妒心理相比，還是比較好克服的。而二者又緊密相連，相依為命。所以克服一份虛榮心就少一分嫉妒。

切記，路有升沉進退，人有悲歡離合。從容是一種對人生的透徹把握，不管是誰，只要能以平和心態面對一切，閒看天邊雲捲雲舒，笑看庭前花開花落，必能擺脫是是非非、紛紛擾擾。也只有這樣，才能善待自己，善待生活，善待人生，善待生命。

不要讓焦慮症害了你

成功金言

焦慮在正常人身上也會發生，這是人們對於可能造成心理衝突或挫折的某種特殊事物或情境作反應的一種狀態。

在日常生活中，我們不難聽到一些人尤其年輕人訴說自己的「幾多憂愁」、「幾多煩惱」，他們有一種強烈的浮躁心理。從心理學的角度而言，這是焦慮症的表現，是成長中不可避免的一種心理狀態。

張琴是一位二十歲的漂亮女孩，現就讀於某大學中文系。從大學一年級第二學期開始，她就出現了心理問題，主要表現為每到期末複習考試臨近期間，就緊張焦慮，還伴有較嚴重的睡眠障礙。她學的雖然是中文專業，但卻還要學數學等理科課程。在中學學習時，數理化就是她的弱項，所以才報考了文科，不料到了這個系也要學習數學，她感到負擔沉重。一

年級的第二學期開學初,她就因數學等三科不及格進行了補考。於是情緒十分低落。

還是在中學時,父母就對張琴抱有強烈的期望。老師也很器重她,所以只要學校裡有競賽活動,不管是什麼競賽,老師都要選派她去參加。為此,她的學習負擔十分沉重。參加競賽前老師要給她進行個別輔導,布置很多模擬試題讓她做,雖然這對她的學習有所促進,但她感到精神壓力很大,簡直不堪重負。老師當然是一片好心,她也認為應當對得起老師,因而深恐競賽失利,對各科的學習都抓得很緊很緊。但在心底深處她對這種競賽性的考試很反感,對數理化的競賽更是頭疼至極。而老師卻總是對她說,這是莫大的榮譽,是學校和老師對她的重視。要她一個不漏的參加所有的競賽,她也只好硬著頭皮強記強學強練。每逢競考,「戰前」的幾天她都要死背硬背、苦練苦算到深夜。

有天晚上,她正在宿舍背書,強記第二天競賽科目的內容,恰逢鄰居在請客喝酒,猜拳的聲音很大,吵得她無法看書。她又急又氣,心中煩躁至極。就是從那個時刻,她心頭產生了強烈的怨恨:一恨老師總讓她參加各種競考,使她疲憊不堪;二恨隔壁的人整夜吵鬧,擾亂了自己的複習;三恨家長不該讓她讀這個使人疲於應付的課程。在這種焦慮怨恨的情緒狀態下,她一夜也沒睡著,第二天在考場上打了敗仗。而且從此就經常失眠、多夢,夢中總是在做數理的競賽題,要不就是夢見在競賽時交了白卷。那一學期的期末考試,她全科失利,平均分數僅七十分。

以後,只要臨近考試期間,就總是焦慮、心慌和徹夜失眠,為此,她參加學測也告失利。只是由於她基礎很好,所以經過重讀後,參加第二次學測被錄取到了現在這個大學。本以為進了大學的文科專業可以從此擺脫

煩人的數理化了，不料仍要學習數學和物理，而且很有難度和深度，教學進度又很快，教師搞的是滿堂灌，每一堂課講的內容很多，學起來極為吃力。第一學期期末考試，有三科不及格，心情十分沉重，因為這對她來說是前所未有的事。於是，她經常感到心慌、焦慮、難以入眠。加上宿舍裡的室友每晚熄燈後都要海闊天空的聊天，而她卻只有在關燈後盡快安靜入睡才能睡得著，所以經常是大半夜都睜著眼望著牆壁，無法入睡。期末考試來臨之際，她的神經就繃得更緊了，越緊張就越難入睡。到了白天就神疲乏力，無法集中注意力聽課，也難以靜下心來複習，所以考試成績連續三學期都排名在倒數一二名上。但是，她也並不是時時刻刻都感到緊張、焦慮，她在每學期的前半期情況都比較好，因為距離考試還有很長時間，壓力不大，所以身心都比較放鬆。

張琴在中學那次競考失眠以前，並不懼怕考試，因為她從小學習不錯，記性好，深得老師賞識，過去的考試成績一般都較好，考前也沒有畏懼心理。中學的那一次競賽失利與賽前受干擾而激起的種種怨恨情緒因素綜合在一起，使她在心理上對考試產生了畏懼。進入大學後第一學期有三門功課補考，又強化了對考試的畏懼。因而張琴產生了強烈的焦慮心理。

應該指出，學習與考試焦慮是大學生心理諮商中常見的問題。特別是學習基礎較差的同學和性格內向敏感、學習方法不靈活的同學，更易產生此類問題。如果伴有失眠和神經衰弱的症狀，矯治就更費力，需進行多方面、較長期的諮詢和治療。

其實，在家裡自己也可以緩解一下焦慮症。

(1) 深呼吸。

當你面臨情緒緊張時，不妨做深呼吸，有助於舒解壓力消除焦慮與緊

張。當你感到焦慮時，你的脈搏加速，呼吸也加快。而深呼吸可以迫使你減緩呼吸速率，使身體相信焦慮已過去。正確的腹部呼吸是，當你一吸一呼時，腹部將隨之一起一伏。

(2) 活動你的下顎和四肢。

當一個人面臨壓力時，容易咬緊牙關。此時不妨放鬆下顎，左右擺動一會，以鬆弛肌肉，紓解壓力。你還可以做擴胸運動，因為許多人在焦慮時會出現肌肉緊繃的現象，引起呼吸困難。而呼吸不順可能使原有的焦慮更嚴重。欲恢復舒坦的呼吸，不妨上下轉動雙肩，並配合深呼吸。舉肩時，吸氣。鬆肩時，呼氣。如此反覆數回。

(3) 保持樂觀。

當你缺乏信心時，不妨想像過去的輝煌成就，或想像你成功的景象。你將很快的化解焦慮與不安，恢復自信。

(4) 幻想。

這是紓解緊張與焦慮的好方法。幻想自己躺在陽光普照的沙灘上，涼爽的海風徐徐吹拂。試試看，也許會有意想不到的效果。

(5) 肯定自己。

當焦慮襲來時，可以反覆的告訴自己，「沒有問題。」，「我可以對付。」，「我比別人行」。這樣可使你漸漸消除呼吸加快及手冒冷汗的本能反應，使你的智慧反應逐漸表現出來。結果，你果真平靜下來了。

(6) 學會放鬆。

在面臨每天的例行干擾之前，暫時放鬆數秒，可以大幅改善焦慮的程

度。例如：當電話鈴響，先做個深呼吸，再接聽。養成這種蓄意放鬆數秒鐘的習慣，它可充當有效的鎮定劑。使你控制焦慮，而不是被焦慮掌控，盡量作一些有益身心的活動，拋開工作的煩惱。

(7) **轉移注意力。**

假使眼前的工作讓你心煩緊張，你可以暫時轉移注意力，把視線轉向窗外，使眼睛及身體其他部位適時的獲得鬆弛，從而暫時緩解眼前的壓力。你甚至可以起身走動，暫時避開低潮的工作氣氛。

治療焦慮症一般以心理治療為主，配合藥物治療。當然首要問題是，焦慮症患者應學會自我調整和治療。改變自己的態度，以正面的角度看待事物，危機也可能是轉機；保持樂觀，缺乏信心時，不妨以過去的成就與未來的美好前景鼓勵自己；在感到焦慮的時候，可以按摩肌肉以緩和腎上腺素的分泌，按摩太陽穴舒解疼痛及鬆弛頸部的肌肉。此外還要積極參加藝文及體育活動，包括聽輕鬆音樂、打球、跳舞，能迅速減輕焦慮。

掙脫束縛心靈的枷鎖

成功金言

只要想著「我將要成功」而不是會失敗；「我是一個勝利者」而非「一個失敗者」，擺脫自己的心靈枷鎖，尋找一切能助你成功的方法，你會成功的擁有屬於自己的一片天空。

人的一生要走過的路很漫長，而在這漫漫的人生路上，並不都是筆直的大道。這中間我們要遇到許多坎坷與束縛。因而，面對這樣的人生，我

們需要不斷的左衝右突，掙脫束縛，追尋屬於自己的幸福和快樂。尋找屬於自己的一片天空。

有這樣一個關於大象的故事，講的就是如果擺脫不了心靈的枷鎖，那麼即使是一根小小的鐵鍊也能把千斤的大象困住。

一個小孩在看完馬戲團精彩的表演後，隨著父親到帳篷外面拿乾草餵養剛剛表演完的動物。

這時候小孩注意到有一個大象群，問父親：「爸爸，大象那麼有力氣，為什麼牠們的腳上只繫著一條小小的鐵鍊，難道牠真的無法掙開那條鐵鍊嗎？」

父親笑了笑，解釋道：「沒錯，大象是掙不開那條細細的鐵鍊。在大象還小的時候，馴獸師就是用同樣的鐵鍊來繫住小象，那時候的小象，力氣還不夠大，小象起初也想掙開鐵鍊的束縛，可是試過幾次之後，知道自己的力氣不足以掙開鐵鍊，也就放棄了掙脫的念頭。等小象長成大象後，牠就甘心受那條鐵鍊的限制，不再想逃脫了。」

正當父親解說之際，馬戲團裡失火了，草料、帳篷等物品都被燒著了，大火迅速蔓延到了動物的休息區。動物們受火勢所逼，十分焦躁不安，而大象更是頻頻跺腳，仍是掙不開腳上的鐵鍊。

凶猛的火勢最終逼近了大象，其中一隻大象已被火燒著，疼痛之餘，牠猛然一抬腳，竟輕易將腳上鐵鍊掙斷，於是迅速奔逃到安全的地帶。有一兩隻大象見同伴掙斷鐵鍊逃脫，立刻也模仿牠的動作，用力掙斷鐵鍊。但其他的大象卻不肯去嘗試，只顧不斷的焦急的轉圈跺腳，最後被大火席捲，無一倖存。

在大象成長的過程中，人類用一條鐵鍊限制了牠，即使那樣的鐵鍊根

本繫不住有力的大象，但大象卻從未想到過掙脫。這就是人們在大象的心裡加了一把枷鎖的緣故。而在我們成長的環境中，是否也有許多肉眼看不見的鍊條繫住了我們？而在不知不覺中，我們也就自然將這些鐵鍊當成習慣，視為理所當然。於是本該屬於我們獨特的創意就被自己這些習慣抹掉，並開始向環境低頭，甚至於開始認命、怨天尤人、安於現狀、不思進取。

而這一切的一切都是因為我們心中那條繫住自我的「鐵鍊」在作祟。跟故事中的那頭大象一樣，或許，你必須耐心靜候生命中來一場大火，必須選擇掙斷鏈條或甘心遭大火席捲。如果沒有一場大火的出現，或許你就安於被鍊條所困住一生。或許，你幸運的的選對了前者，掙斷鍊條獲得重生。除此之外，你還有一種不同的選擇，那就是當機立斷，運用我們內在的能力，立即掙開消極習慣的綑綁，改變自己所處的環境，投入另一個嶄新的積極領域中，使自己的潛能得以發揮，獲得生命中屬於自己的一片天空。

你願意靜待生命中的大火，甚至甘心被它所席捲，而低頭認命？還是立即在心靈上掙開環境的束縛，獲得追求成功的自由？其實在這兩者之間做出選擇並不困難，困難的是我們有沒有勇氣去打破已有的格局，擺脫心靈的枷鎖。

如果你現在覺得自己還沒有打破這些枷鎖，那麼就請看下面的這些枷鎖在你身上是否存在。然後再對症下藥，給自己的心靈放一把大火。

第一種類型：一直擔心「別人會怎樣想」的心靈枷鎖。

有的時候，當你想做一件事情的時候，首先想到的不是成功，而是先想到如果失敗了「別人將會怎麼看？」這是一種最普遍而且最具自我毀滅

性的心理狀態。這種心態是一種強而有力的枷鎖。它不僅會傷害你的創造力和人格，還有可能把你原有的能力破壞殆盡，使你永遠只停留在原地。

這裡給你推薦一種簡單易行的方法，為擺脫這種「別人」式的心靈枷鎖，你不妨想一想，首先你要清楚「別人」並不是「先知先覺」，他們往往都是「事後諸葛」。然後要時刻提醒自己：走自己的路，讓別人去說吧！不要管別人會怎麼去想，怎麼去說。

第二種類型：認為「已為時太晚」的心靈枷鎖。

人的一生要經歷許多的成功與失敗，並不是說成功者就不會失敗，就沒有失敗過，往往是越成功的人，他們所經歷的失敗越多。並且成功沒有時間的先後，只要往自己的目標努力，無論成功的大小都會有所回報的。然而，許多失敗者失敗後就覺得再重新拚搏已為時太晚了，無法再創業了，於是對自己的未來完全妥協，逆來順受的熬日子。試想如果一個三十歲的青年做生意虧了本就自認為無法東山再起；一個四十歲的寡婦就自認為太老無法再婚；一位十年前破了產的廠長要想重新開始投資就認為時過境遷。那麼三十歲就否定了自己的未來，四十歲的心態就變得老態龍鍾，十年後再投資就覺得時機不在的人，是否真的如他們所認為的那樣就不能成功呢？

為了解除這種「為時太晚」的枷鎖，這裡給你一個建議，看看那些社會上的活躍人物，他們不去理會年齡的限制，並下定決心，不斷奮鬥終究會有新成就。所謂「春蠶到死絲方盡，蠟炬成灰淚始乾」，成功與年齡無關，重新開始永遠為時不晚。

第三種類型：背著「過去錯誤」的心靈枷鎖。

有這麼一群人，他們害怕再次嘗試，因為他們曾經失敗過，受創很深，所謂「一朝被蛇咬，十年怕草繩」。但是，對每一位有志之士來說，他都必須對過去所犯的錯誤保持正確的哲學觀，從而使他得以再次突破，再創佳績。如果你能真正的理解「失敗為成功之母」的話，那你就不會害怕失敗。而如果你把失敗看成是成功路上所要學習的一筆財富的話，那麼你就不會被失敗所打倒。

這種類型的枷鎖的解決方法是，你完全不必把「過去的錯誤」看得太重。其實那根本不能算作失敗，只能算是受教育，它能教會你許多事情，使你更加成熟。

第四種類型：擔心「註定會失敗」的心靈枷鎖。

這是一種非常普遍的心理。一旦失敗，便將自己初始的動機統統的扼殺。他們不斷重複著說：「早知如此，何必當初！」他們因此把自己看得渺小，無法真正透徹的看清自己。

為了擺脫「註定會失敗」的枷鎖，你不妨保持積極的態度。切莫在不經意中將自己的創新意識拋棄。

總之，一個人要想獲得成功，早日實現心中的理想，就必須掙脫以上這些束縛心靈的枷鎖。

卡內基正念力

拯救上萬迷茫者的成功學，一生必讀的世紀思考經典

作　　者：韓立儀

發 行 人：黃振庭

出 版 者：崧燁文化事業有限公司

發 行 者：崧燁文化事業有限公司

E-mail：sonbookservice@gmail.com

粉 絲 頁：https://www.facebook.com/
　　　　　sonbookss/

網　　址：https://sonbook.net/

地　　址：台北市中正區重慶南路一段六十一號八
　　　　　樓 815 室

Rm. 815, 8F., No.61, Sec. 1, Chongqing S. Rd.,
Zhongzheng Dist., Taipei City 100, Taiwan (R.O.C)

電　　話：(02)2370-3310

傳　　真：(02) 2388-1990

印　　刷：京峯彩色印刷有限公司（京峰數位）

國家圖書館出版品預行編目資料

卡內基正念力：拯救上萬迷茫者的
成功學，一生必讀的世紀思考經典
/ 韓立儀著 . -- 第一版 . -- 臺北市 :
崧燁文化事業有限公司 , 2021.11
　　面；　　公分
POD 版
ISBN 978-986-516-873-5(平裝)
1. 成功法
177.2　　110016345

電子書購買

臉書